Gedichte
&
Interpretationen
in Symbiose

Denkimpulse für wachsame Geister

2. verbesserte Auflage

Aribert Böhme

Impressum

Alle Rechte liegen beim Autor
Düsseldorf, im Frühjahr 2018
E-Mail: Psychologische_Beratung_Boehme@gmx.de
Herstellung und Verlag: BoD- Books on Demand, Norderstedt
ISBN: 9783752832143
2. verbesserte Auflage

Bibliografische Information der Deutschen Nationalbibliothek

**Die Deutsche Nationalbibliothek verzeichnet diese Publikation in der
Deutschen Nationalbibliografie; detaillierte bibliografische Daten sind im
Internet über http://dnb.d-nb.de abrufbar.**

Vorwort

Nachdem in den vergangenen Jahren die Resonanz auf die beliebte Buchreihe „Denkanstöße" erfreulich gut gewesen ist, möchte diese neue Buchreihe aus der Rubrik *„Gedichte & Interpretationen in Symbiose"* eine ebenso sinnvolle wie hilfreiche Verbindung zwischen anregenden Gedichten und nützlichen Interpretationen einer interessierten LeserInnenschaft zugänglich machen.

Wie schon in allen vorangegangenen Titeln zurückliegender Jahre geht es auch bei dieser neuen Buchreihe entscheidend darum, Ihnen, verehrte LeserInnen ein repräsentatives Angebot hilfreicher Denkimpulse zu vermitteln, die Ihr Leben spürbar bereichern können.

Ziel ist es nicht, „fertige und unveränderliche Ideen" zu präsentieren, sondern vielmehr Ihnen die Gelegenheit zu geben, über viele elementare und wichtige Aspekte des Lebens selbstkritisch zu reflektieren.

Entscheidende Idee zur Implementierung dieser neuen Buchreihe *„Gedichte & Interpretationen in Symbiose"* ist es, auf der Grundlage vieler kluger und zudem schöner Gedichte ein breites Angebot wichtiger Denkimpulse zu vermitteln, die Ihr eigenes Denken anregen.

Alle in diesem Buch aufgeführten Gedichte stammen aus der „Feder" meines mit Abstand besten Freundes - mit dem mich seit mehr als zwanzig Jahren eine ebenso intensive wie wunderbare Freundschaft verbindet - der unter dem Künstlernamen, *Raimundo Germandi*, wöchentlich neue Gedichte schreibt und diese per E-Mail versendet. (Kontakt: **Gedichte@Raimundo-Germandi.de**). Die wunderbaren, erhellenden und zum intensiven Nachdenken anregenden Gedichte von *Raimundo Germandi* decken ein ebenso weites wie bedeutsames Themenfeld ab.

Somit finden interessierte LeserInnen hier in diesem Buch u. a. Gedichte & Interpretationen zu folgenden Themen: Gesellschaftliche Trends, Politisches, Menschliches, Nachdenkliches, Bedenkliches, Überwachung, Digitalisierung, Liebevolles u. v. m.

Mittels der hier in dieser neuen Buchreihe zugrundeliegenden Idee, Gedichte & Interpretationen sinnvoll miteinander zu verbinden, wird Ihnen verehrte LeserInnen die Möglichkeit geboten, unterschiedliche Zugangskanäle zu wesentlichen

Denkimpulsen nutzen zu können.

Entscheidend ist weniger primär das ursprünglich gewählte „Medium" - hier: Gedichte oder Sachtexte, sondern vielmehr die jeweils zu transportierenden Inhalte; sprich „Denkimpulse".

Von daher mag es für manche LeserInnen geeigneter sein, wichtige Denkimpulse in Gedichtform angeboten zu bekommen, während andere LeserInnen sich vielleicht eher von Sachtexten angesprochen fühlen werden.

Nicht zuletzt möchte diese neue Buchreihe aufzeigen, dass sich gerade durch eine bewusste Verbindung zwischen Gedichten und interpretierenden Sachtexten neue und wichtige Denkimpulse anregen lassen. Somit lässt sich die potenzielle LeserInnenschaft ebenso sinnvoll wie ausdrücklich gewollt ausweiten.

Sollte sich herausstellen, dass auch die Resonanz auf diese neue Buchreihe ähnlich erfreulich sein wird, wie schon bei den Buchtiteln aus der Reihe „Denkanstöße" in den zurückliegenden Jahren, sind weitere Bände geplant.

Somit können Sie, verehrte LeserInnen im Laufe der Zeit Ihren ganz persönlichen Fundus hilfreicher Denkimpulse anlegen, der Ihr Denken und somit auch Ihr weiteres Leben spürbar zu neuen Horizonten wird führen können.

Sie werden die Erfahrung machen, dass Ihnen manche Gedichte und / oder Interpretationen besser oder weniger gut gefallen als andere. Das ist nicht nur so zu erwarten, sondern durchaus auch so gewollt. Schließlich erheben weder die hier präsentierten Gedichte noch die darauf aufbauenden Interpretationen den Anspruch, „der Weisheit letzter Schluss zu sein...".

Nein, vielmehr geht es darum, Ihr Denken selbstkritisch reflektieren zu können, um somit perspektivisch neue Erkenntnisse für Ihr weiteres Leben gewinnen zu können.

Zusätzlich zu den hier präsentierten Texten besteht für Sie, liebe LeserInnen, die Möglichkeit, dass Sie viele der hier in diesem Buch behandelten Themen auch durch geeignete **Videos** inhaltlich vertiefen können.

Zu diesem Zweck verwenden Sie bitte folgende Internetadresse:

www.aribertboehme.de/Videoliste_2018.pdf

Sobald Sie diese Internetseite in Ihrem Browser (Firefox, Internet-Explorer usw.) aufrufen, erscheint eine übersichtlich gestaltete Liste mit hilfreichen Links zu qualitativ guten Videos, die viele der hier in diesem Buch angesprochenen Themen weiter vertiefen.

Ein Klick auf den jeweils zu lesenden Link reicht, um binnen kurzer Zeit das jeweils gewünschte Video zu starten. Bitte vergessen Sie nicht ggf. auch den Lautsprecher Ihres Computers anzuschalten.

Ganz bewusst wird in diesem Buch eine persönliche Ansprache in der DU-FORM verwendet. Dies geschieht definitiv nicht im Sinne einer von manchen Zeitgenossen (oftmals zu recht) aufzufassenden „kumpelhaften" Anrede, sondern vielmehr mit dem klaren Ziel, einen deutlich persönlicheren Bezug zu Ihnen, liebe LeserInnen herstellen zu können. Dadurch soll erreicht werden, dass Sie sich direkter von vielen wichtigen Lebensthemen angesprochen fühlen, als das oftmals in einer etwas distanzierteren SIE-FORM möglich wäre.

Um es gleich an dieser Stelle im Vorfeld klar zum Ausdruck zu bringen, sei auf folgenden Umstand hingewiesen, der sich – bedauerlicherweise und bedenklicherweise – oftmals in der Kommunikation mit vielen Menschen geradezu reflexhaft in folgender Äußerung zeigt:

„*Ach, ich habe doch gar keine Zeit, um mich mit solchen Themen zu beschäftigen; geschweige denn, mir dann womöglich auch noch umfangreichere Videos zu allen möglichen Lebensthemen anzuschauen. Nein, ich muss mich auf meine Arbeit, meinen Haushalt konzentrieren. Für „so etwas" habe ich keine Zeit...*".

Dazu gebe ich Ihnen, verehrte LeserInnen Folgendes zu bedenken:

Niemand, ja, auch du nicht, wird von den schon längst gar nicht mehr ernsthaft zu übersehenden Konsequenzen unterschiedlichster Art und Weise verschont bleiben, die für jeden, der mit wachem Verstand durch diese in weiten Teilen zunehmend geisteskranke Welt geht, nicht mehr übersehen werden können.

Von daher wäre es schlichtweg schade, naiv und in der Konsequenz alles andere als erstrebenswert, würdest du die in diesem Buch angebotenen „Denkangebote" vorschnell und achtlos ignorieren. Du dürftest darauf wetten, dass sich eine solche Ignoranz im weiteren Verlauf zu einem unheilvollen Bumerang – ja, auch für dich und dein Leben – entwickelte.

Dazu folgende kluge Lebensweisheit, bei der es sich lohnt, dass auch du vorab intensiv über deren auch dich nicht verschonende Bedeutung intensiv nachdenkst:

> *Du kannst zwar fortgesetzt ignorant agieren. Doch – es wird der Tag kommen, an dem du die Konsequenzen deiner fortgesetzten Ignoranz nicht mehr wirst ignorieren können.*

Um sogleich an dieser Stelle ein mögliches Missverständnis erst gar nicht entstehen zu lassen, sei gesagt:

Es geht in diesem Buch definitiv nicht darum, mit „erhobenem Zeigefinger" auf gar nicht ernsthaft zu leugnende Missstände und / oder Probleme unserer Welt aufmerksam zu machen, sondern vielmehr darum, den Blick für teils offensichtlich erkennbare, teils jedoch auch eher versteckt sich anbahnende Entwicklungen zu schärfen, die für alle Menschen – ja, auch für dich und dein Leben – von zentraler Bedeutung sind bzw. sein werden.

Von daher verstehen sich alle hier präsentierten Denkanstöße als „Angebote", und nicht etwa als „der Weisheit letzter Schluss".

In diesem Zusammenhang sei hier noch auf folgenden Aspekt aufmerksam gemacht, der möglicherweise einigen LeserInnen „unangenehm aufstoßen könnte...?!": Womöglich mag die eine oder andere Textstelle als „schulmeisterlich-belehren-wollend" empfunden werden?! Dazu gebe ich zu bedenken: Nein, „schulmeisterlich" in dem Sinne, Ihnen, verehrte LeserInnen eigene Gedanken unreflektiert „aufdrücken" zu wollen, ist definitiv nicht beabsichtigt. Sehr wohl aber ist gewollt – und das im besten Sinne des Wortes -, „belehren" zu wollen in dem Sinne, wichtige Denkimpulse zur eigenen Reflexion vermitteln zu wollen. In diesem Sinn wünsche ich Ihnen eine anregende Lektüre sowie vergnügliche und nachdenkliche Lesestunden.

Düsseldorf, im Frühjahr 2018, Aribert Böhme

Der Autor:

Aribert Böhme, Freiberufler seit 1988, bietet Dienstleistungen in folgenden Bereichen:

- Psychologische Beratung (Lernpsychologie, Familienpsychologie, Lebensberatung)
- Lerncoaching (Fernlehrgänge z. B.: SGD, ILS in den Fachbereichen Psychologische Beratung, Psychotherapie für Heilpraktiker usw.)
- Implementierung von Texten für Sachbücher in den Bereichen: Lernpsychologie, Psychologie, Pädagogik, EDV, Gesellschaft, Lebensweisheiten
- Coaching für Seniorinnen & Senioren (z. B. Gedächtnistraining)

Im Rahmen seiner freiberuflichen Dozententätigkeit hat der Autor bis dato (2018) ca. 9000 TeilnehmerInnen im Fachbereich EDV bei diversen namhaften Instituten unterrichtet.

In seiner Funktion als Psychologischer Berater (SGD-Dipl.) bietet der Autor regelmäßig Klientensitzungen vor Ort für hilfesuchende Menschen in den Bereichen: Lebensberatung, Konfliktberatung, Familienpsychologie, Schulpsychologie sowie Lernpsychologie, an.

Bis dato (2018) hat der Autor 25 Titel im thematischen Umfeld von EDV, Lernpsychologie, Pädagogik, Gesellschaftskritik, Lebensweisheiten sowie drei Romane unter Pseudonym publiziert (inkl. einiger Auslandslizenzen für Frankreich, Polen und Russland). Zudem erfolgten Veröffentlichungen in namhaften Tageszeitungen (FAZ, Süddeutsche Zeitung, Rheinische Post usw.).

Seminare und Vorträge zu den Themen Motivationscoaching, Lernpsychologie, Lerntechniken, bietet der Autor sowohl als Firmenschulungen, wie auch als Privatseminare vor Ort an. Anfragen bitte grundsätzlich per E-Mail an:

Psychologische_Beratung_Boehme@gmx.de

Im Rahmen der Implementierung des vom Autor entwickelten NEURONET 2.0 im Umfeld der Neuroinformatik, mit dessen Hilfe Prognosen für Sportwetten erstellt werden können, erfolgte in den Jahren 2001 und 2002 eine ehrenvolle Aufnahme in die Who-is-Who-Lexika, Deutschland & Europa.

Düsseldorf, im Frühjahr 2018

Kapitel 1. Ganz bei uns

Ganz bei uns

Zwischendurch gibt's schon mal Zeiten,
die Entspannung uns bereiten.

Solche Stunden uns beschenken
mit Gelegenheit zum Denken,
auch zum Schreiben oder Lesen
über das, wie wir gewesen.

Und aus den selbst durchlebten Tagen
steigen plötzlich kluge Fragen:

Wem sind wir je begegnet?
Wen haben wir berührt?
Wann waren wir gesegnet?
Wo wurden wir geführt?

Im Erwachen wir erahnen
uns're wundersamen Bahnen.

Raimundo Germandi, 7.6.2013

Fühlst auch du dich des Öfteren wie in einem Hamsterrad, aus dem du nur zu gern aussteigen möchtest, von dem du dir zumindest hin und wieder einmal eine Verschnaufpause wünschst?

Oder gehörst du womöglich zu den Menschen, die zwar einerseits ein diffuses Unbehagen gegenüber dem täglichen Alltagstrott spüren, denen jedoch Motivation und Kraft fehlen, sich aufzuraffen, um kritisch zu hinterfragen, ob es überhaupt nötig ist, sich mehr oder weniger willenlos einem Zustand zu überantworten, der nachweislich nicht selten im Burnout mündet?

Oder ertappst du dich womöglich dabei, vorschnell Alibi-Argumente zu benutzen, wenn achtsame Mitmenschen dich darauf aufmerksam zu machen versuchen, deinen eigenen Lebensentwurf auch einmal selbstkritisch zu hinterfragen, indem du z. B. sagst, dass du „keine Zeit hast für Fragen, die entscheidend dich und dein Lebensglück betreffen, da du ja angeblich <so dermaßen viel Arbeit hast...>"?! Dann erinnere dich bitte an folgende kluge Lebensweisheit, die da lautet: „*Du solltest niemals so viel Arbeit haben, dass du keine Zeit mehr hast, um die wahrhaft wichtigen, dich und dein Leben betreffenden Kernfragen, sorgsam und achtsam analysieren und klären zu können...*".

Bewusst praktizierte Zeiten notwendiger und erholsamer Entspannung sowie bewusst wahrgenommene Phasen praktizierter Entschleunigung, tragen nachweislich dazu bei, deinem Leben perspektivisch mehr wertvolle Tiefe und Intensität verleihen zu können.

Gönn' dir ganz bewusst regelmäßig zu nutzende Zeitinseln zum selbstkritischen und zugleich wohltuenden Reflektieren deines bisher vermutlich eher gewohnheitsmäßig praktizierten – oftmals unnötig einengenden – Lebensstils, indem du z. B. Stunden der Muße beim Lesen wertvoller Bücher, erbaulicher Musik, schöner Kunstgenüsse usw. in deinen Alltag integrierst.

Fundamental entscheidend für dein Lebensglück werden nicht zuletzt auch regelmäßige und intensive Gespräche mit lieben Menschen deines Vertrauens sein.

Dabei geht es weniger um gewöhnliche Alltagsgespräche als vielmehr um solche, die dich und dein Denken perspektivisch in einer ebenso sinnvollen, wie hilfreichen Art und Weise bereichern können.

Nutze die dir geschenkten Chancen, offen und selbstkritisch darüber nachzudenken, warum es wohl so ist, dass du in deinem bisherigen Leben ausgerechnet den Menschen x, y, z begegnet bist, die – oftmals auch subtil – mit dazu beigetragen haben, dass du dich heute in genau *der* Lebenssituation wiederfindest, in der du dich nun befindest?

Bedenke: Zufall, in dem Sinn, wie ihn wohl die meisten Menschen – zumeist mangels besseren Wissens – vorschnell bemühen, gibt es de facto so gar nicht. Alles und jedes, jede Begegnung deines Lebens hat – auf einer tieferen Ebene betrachtet – einen bedeutsamen Sinn, dessen Erkennen sich dir oftmals erst im weiteren Verlauf deines Lebens offenbaren wird.

Bedenke, dass es gute Gründe dafür gibt, dass du in deinem Leben vielfältigste Erfahrungen machst – gute und weniger gute.

Allen gemeinsam ist jedoch – auch und gerade dann, wenn du das in bestimmten Situationen (noch) nicht in voller Tragweite zu erkennen vermagst –, dass sie dir dabei helfen, eine reifere Persönlichkeit werden zu können, die über sehr viel mehr Potenzial verfügt, als dir das bisher womöglich bewusst sein mag.

Je intensiver du dich mit deinen ganz individuellen „Zufällen" befasst, umso größer wird deine Bewunderung dafür sein, erkennen zu dürfen, in welch' gigantische „Maschinerie" auch du und dein Leben im Kosmos eingebunden sind. Wach auf!

Kapitel 2. Ihr seid nicht allein!

Ihr seid nicht allein!

Diese traurigen Zeilen
sind den Menschen gewidmet,
die ihr wertvolles Leben in Kerkern verlieren,
wo sie erzwungenermaßen dahinvegetieren.

Auch wenn sie Euch verängstigen, foltern, missbrauchen,
unaufhaltsam erneut zu Qualtaten auftauchen.

Wir ergrausen davor, wie schlecht es Euch geht,
schließen geschlossen Euch ein in unser Gebet.
Wir denken an Euch, Ihr seid nicht allein!
Möge jetzt der Allerhöchste
ganz in Eurer Nähe und spürbar sein!

Leute, da draußen,
solch ein Schicksal
kann doch jedem passieren,
das sollten wir alle
endlich kapieren!

Wie wären wir glücklich, vergäß man uns nicht,
der geringste Schimmer spendete Licht.

Raimundo Germandi, 15.6.2013

Hast du schon einmal achtsam und intensiv darüber nachgedacht, allen Grund zur Dankbarkeit zu haben, zu wissen, dass du – alles in allem – in Freiheit und Selbstbestimmung dein Leben gestalten darfst?

Ist dir bewusst, dass das keineswegs eine Selbstverständlichkeit in dieser in weiten Teilen so grausamen und geisteskranken Welt ist; wenngleich es genau das aber sein sollte – eine Selbstverständlichkeit.

Bedenke, dass entscheidend auch in unserer aktuellen Lebenszeit, einer Zeit, die zunehmend – teils offensichtlich, teils perfide subtil – durch immer umfangreichere Maßnahmen bis dahin selbstverständliche Rechte beschneidet, zumeist unter dem ebenso durchsichtigen, wie verlogenen Deckmantel vermeintlicher Gefahrenabwehr, es auch und vor allem genau solchen Menschen passieren kann, sich schneller im Gefängnis wiederzufinden, als denen lieb sein kann, und das vor allem deshalb, weil diese es womöglich gewagt haben, unbequeme Wahrheiten offen zu thematisieren, die einem oftmals hirnlosen Mainstream zuwider laufen...?!

Dass es sich bei einer solchen Überlegung keineswegs um eine „wilde Verschwörungstheorie", sondern vielmehr um „gelebte Grausamkeit" handelt, belegen unzählige Beweise, die du u. a. durch eigene, intensive Recherchen im Internet ans Tageslicht befördern kannst.

Ja, schon klar, solche unbequemen Themen werden zumeist nicht in den sog. Qualitätsmedien angeboten, von denen offenbar noch immer viel zu viele Mitmenschen allen Ernstes glauben, man informierte sie dort sachlich, objektiv und vor allem ehrlich?! Nein, um zu erkennen, welche perfiden, kriminellen und nicht selten menschenverachtenden Methoden längst angewendet werden, um unbequeme Zeitgenossinnen und Zeitgenossen auf „wundersame Weise aus dem Weg zu räumen", musst du deine Komfortzone verlassen, und selbst aktiv und intensiv recherchieren.

Bitte unterlieg' nicht dem Denkfehler, zu glauben, dass nicht auch du oder dir liebe Menschen womöglich ebenso schnell in die Fänge einer längst in weiten Teilen korrupten „Gerichtsbarkeit" gelangen können und sich dann in einer Situation wiederfinden, die alles andere als bequem sein wird. Wach auf, und lass' dich bitte nicht vom oftmals ebenso dümmlichen wie vernebelnden Mainstream einlullen. Nutze deinen eigenen Verstand und erkenne, mit welchen nicht selten verlogenen und abartigen Methoden Menschen „von der Bildfläche entfernt werden...", die dann in Gefängnissen und sonstigen Kerkern ein elendes Dasein fristen müssen.

Sofern auch du zu den Glücklichen gehörst, denen solche Schicksale erspart bleiben, solltest auch du dir einmal bewusst machen, wie es sich wohl anfühlen mag, eingesperrt in einem Kerker das eigene Leben fristen zu müssen; fernab von jeglicher irdischer Hoffnung, einsam und verlassen von der Welt.

Was vermag solchermaßen geplagte Menschen in einer solchen Situation nicht innerlich zerbrechen zu lassen? Oftmals dürfte es der feste Glaube an eine Höhere Macht sein, an Gott, als eine Kraft, die Hoffnung spenden kann in einer schier ausweglosen Situation. Eine Ahnung bzw. ein geschenktes Wissen dafür, dass sogar solche zunächst grausamen Erlebnisse im Gesamtkontext dennoch einen Sinn zu ergeben vermögen, der sich verständlicherweise in einer durch Hunger, Angst, Einsamkeit und Not geprägten Situation so nicht direkt und vordergründig erschließen lässt.

Nicht zuletzt wissenschaftliche Studien haben in neuerer Vergangenheit nachgewiesen, wie wertvoll es für Menschen sein kann, zu wissen, dass andere Menschen in lebensbedrohlichen bzw. schwierigen Situationen aktiv und intensiv an sie denken. Dass es nicht mehr nur ein schöner Gedanke ist, zu vermuten, wie heilsam gute Gedanken zu sein vermögen, beweisen nicht nur unzählige Berichte von Menschen in entsprechend schier ausweglosen Situationen, sondern das belegen auch seriöse Studien, die im Umfeld psychologischer Forschungen durchgeführt worden sind.

Wirklich überraschend ist es nicht, denn schließlich bestehen Gedanken letztlich aus purer Energie, die sich sinnvoll und hilfreich nutzen lässt.

Kapitel 3. Der Balz des Bösen

Der Balz des Bösen

Es legt Dir Speck in seine Fallen,
will mit Versprechungen Dich krallen.
Hinterhältig bleibt es hocken,
um mit Schönheiten zu locken.
Macht und Ruhm wird's Dir versprechen,
es versucht, Dich auszustechen.

Seine Zunge, die gespalten,
bezirzt in trügenden Gestalten,
die mit subjektiven Namen
anfangs noch in Frieden kamen.
Deinen Willen will es brechen.
Sein Balz, er zwingt Dich ins Verbrechen.

Hier steht Wille gegen Willen,
lass Dich nie von Bösem drillen!

Raimundo Germandi, 30.6.2013

Getreu einer nachweislich ebenso klugen wie leider wahren Aussage des herausragenden Liedermachers, Reinhard Mey, die sinngemäß lautet: *„Die falschen Ehrlichen sind die wahrhaft Gefährlichen"*, gibt es in unserer Welt bedauerlicherweise viele bedenkliche Beispiele dafür, mit welch' üblen, rhetorisch-manipulativen Tricks so manche Zeitgenossen vermeintlich Gutes und Ehrenwertes vorzutäuschen versuchen, obwohl sich bei genauerem Hinsehen oftmals herausstellt, dass alles andere als ehrenwerte Absichten Motivation für nicht selten schändliches Tun darstellen.

Beispiele, die deutlich aufzeigen, wie schändlich manipulativ manche Menschen agieren, gibt es in unterschiedlichen Lebensbereichen.

Beginnend bei vergleichsweise kleineren Manipulationen im Alltag, bis hin zu oftmals eher verdeckt agierenden Akteuren im „großen Spiel der Kräfte", gibt es vielfältigste Situationen, in denen Menschen und / oder Organisationen vordergründig Gutes vortäuschen, obwohl sie tatsächlich nicht selten mindestens bedenkliche, oftmals sogar kriminelle Absichten verfolgen.

Warum sind derartige Manipulationen überhaupt möglich? Nun, entscheidend liegt es daran, dass bedenklicherweise leider sehr viele Menschen ebenso unwissend wie zugleich sträflich naiv agieren, und offenbar gar nicht merken, welch' manipulativen Methoden sie immer wieder „auf den Leim gehen".

Hast du vielleicht schon einmal darüber nachgedacht, warum du heute beim Einkaufen in immer mehr Geschäften an der Kasse danach gefragt wirst, ob du „Payback-Punkte sammeln möchtest?!"? Glaubst du allen Ernstes, dass solche mitunter sogar aggressiv vorgetragenen Fragen im Kern dadurch motiviert sein könnten, dir, als Kundin oder Kunde etwas Gutes angedeihen lassen zu wollen?! Falls ja, dann wach' endlich auf, und du wirst schnell merken, dass es – wie leider viel zu oft in dieser in weiten Teilen so kranken Welt – entscheidend vielmehr nur darum geht, dich hinsichtlich deiner Kaufgewohnheiten bis in den letzten dir noch verbleibenden Winkel deiner

Entscheidungsfreiheit ausspionieren zu können, mit dem ebenso durchsichtigen, wie letztlich in der Konsequenz geisteskranken Ziel, dir noch mehr von so allerlei Plunder verkaufen zu können, bei dem du nicht selten feststellst, dass du davon den allergrößten Teil gar nicht brauchst in deinem Leben.

Schau' dir bitte einmal unterschiedlichste Werbebotschaften an, und du wirst feststellen, dass im Hintergrund der allermeisten vordergründig so freundlich daherkommenden Werbetexte es im Kern letztlich nahezu immer nur darum geht, dich zum Kauf von noch mehr und noch mehr und noch mehr Produkten animieren zu wollen, deren tatsächliche Bedeutung für dich und dein Leben in einer großen Zahl der Fälle völlig irrelevant sein wird.

Wirklich überraschend ist eine solche perfide Strategie nicht, wenn man bedenkt, dass unser kapitalistisches Wirtschaftssystem im Kern darauf ausgerichtet ist, Menschen zu immer mehr und immer wieder neuem Konsum zu verführen, da ansonsten dieses längst erkennbar dem Untergang geweihte, geisteskranke System noch schneller in sich zusammenbrechen würde als es ohnehin an immer mehr Ecken und Enden für jeden bei wachem Verstand befindlichen Menschen längst zu erkennen sein müsste.

Bedenke: Die Menschen, die dir und anderen Menschen auf der Grundlage ehrlicher Motive tatsächlich Gutes angedeihen lassen möchten, werden derartig durchsichtige Methoden erst gar nicht anwenden, sondern vielmehr genau an den Stellen – oftmals auch leise im Verborgenen – aktiv und konsequent helfen.

Wie verlogen weite Teile vermeintlich gut meinender Zeitgenossen agieren, kannst du beispielsweise auch im Rahmen der jährlich stattfindenden, sog. Wohltätigkeitsgalas beobachten. Von lobenswerten Ausnahmen einmal abgesehen, die es – das sei fairerweise ausdrücklich erwähnt – durchaus auch gibt, geben sich dort mehrheitlich vor allem genau solche Leute „die Klinke in die Hand", denen es wohl kaum im Kern darauf ankommt, offensichtliche Not zu lindern, sondern vielmehr steht erkennbar das egozentrische Bedürfnis auffällig praktizierter Selbstdarstellung im Vordergrund auslösender Motive.

Ginge es so manchen vermeintlich großzügigen Spenderinnen und Spendern tatsächlich darum, oftmals sogar offensichtliche Not zu lindern, könnten solche Leute doch ehrlicherweise „im Verborgenen" und ohne großes Aufsehen helfen, indem sie entweder aktive und tatkräftige Hilfe leisten oder – je nach persönlicher Situation – ihre ach so vermeintlich großzügigen Spenden „leise und anonym" leisten, ohne sich immer sogleich dann „auf dem roten Teppich" für eigene, „ach so edle Taten" dann jeweils auch noch medienwirksam feiern zu lassen.

Ein oftmals verlogenes, im Prinzip durchsichtiges Theater, das jedoch offenbar weite Teile der Bevölkerung so gar nicht zur Kenntnis zu nehmen scheint...?!

Schnee in Afrika

Die Welt verkehrt, die Pole schmelzen,
der Regen aus den Flüssen tritt.
Wolken sich durch Wüsten wälzen,
bald nehmen wir die Hitze mit,
die in Afrika sonst war.
Ach, wie war's mal wunderbar!

Und? -

Warum verändert sich die Welt?
Weil die Lobby so bestellt!

Jedes Fleckchen auf den Wegen
war zuvor ein Tröpflein Regen.
Bist Du auch nur ein armer Tropf,
fall doch dem Irrsinn auf den Kopf.
Steter Tropfen höhlt den Stein,
zum Steineklopfen lad ich ein.

Raimundo Germandi, 13.6.2013

Wer noch immer nicht begriffen hat, dass unsere Welt in vielen zentralen Lebensfeldern einem bis dato nie zu beobachtenden Wandel unterliegt, der sich mitunter deutlich von sprichwörtlich „natürlichen" Veränderungen unterscheidet, muss entweder sträflich unwissend und / oder pathologisch ignorant sein.

Zu den ebenso zunehmend bedrohlichen, wie unzweifelhaft weitestgehend „hausgemachten" Problemen unserer Welt, gehört ganz sicher der Klimawandel.

Abgesehen von primär politisch motivierten Ignoranten, die – entgegen sämtlicher Erkenntnisse seriöser Klimaforscher – noch immer allen Ernstes leugnen, dass der zu beobachtende Klimawandel vorwiegend durch menschliches Handeln immer bedrohlichere Konsequenzen haben wird bzw. in weiten Teilen unserer Welt klar erkennbar längst hat, sind die Fakten sowie unzählige Indizien längst von erdrückender Klarheit, so dass man mit pathologischer Blindheit und / oder extremer Dummheit geschlagen sein muss, eine so weltumspannende Bedrohung penetrant zu leugnen.

Einmal mehr fußt solche Ignoranz nicht selten auf der ebenso dümmlichen, wie menschenverachtenden Idee, so nach dem Motto: „Was kümmert es mich, wenn z. B. Menschen in x, y, z immer intensiver unter den Folgen des Klimawandels zu leiden haben, solange hier in meinem Lebensbereich (scheinbar) noch alles in Ordnung ist?!"

Warum sollte ich auf meinen PS-sprotzenden SUV verzichten, den ich während meiner zu erwartenden Lebenszeit wohl noch werde fahren können? Das stört mich nicht, dass durch meinen verschwenderischen und oftmals dekadenten Lebensstil Menschen an anderen Orten dieser Welt leiden müssen?

Schaut man sich an, wie extrem dumm und naiv z. B. offenbar auch solche Menschen sind, die offenbar tatsächlich glauben, dass ein offenkundig pathologisch egomanisch-narzisstischer Präsident „das Rad der Geschichte zurückdrehen könnte...", um dann die wohl eher zweifelhaften „Segnungen" vergangener Tage – entgegen nahezu aller seriösen wissenschaftlichen Erkenntnissen in Sachen Klimawandel – wiederbeleben zu können...?!

Wie sträflich unwissend, ignorant und naiv müssen wohl Menschen sein, solch' offensichtlichen Bullshit zu glauben?!

Kein Mensch, auch ein größenwahnsinniger, selbstverliebter, politisch zudem dümmlich agierender Präsident wird durch keine noch so großspurigen Sprüche verhindern, dass die Folgen des Klimawandels für immer mehr Menschen zunehmend bedenkliche, wenn nicht sogar dramatische Konsequenzen haben werden.

Bedenklicherweise greift auch in einem solchen Fall ein menschliches Grundprinzip, das da lautet: Verdrängung. So nach dem Motto: Wenn ich etwas nicht wahrhaben möchte, dann existiert es auch nicht...".

Fundamental wichtig dafür, das große Ganze im Kern verstehen zu wollen, ist einerseits fundiertes Wissen, andererseits entscheidend jedoch zunächst einmal der unabdingbare Wille, tatsächlich auch komplexe Zusammenhänge verstehen zu wollen.

Vielleicht kennst du auch Menschen, die sinngemäß wie folgt argumentieren oder hast dich womöglich schon selbst des Öfteren dabei ertappt sinngemäß wie folgt zu argumentieren: „*Ach, ich hab' einfach keine Zeit dafür, mich mit x, y, z zu befassen. Ich muss arbeiten, also lass' mich mit solchen Themen x, y, z doch einfach in Ruhe.*" Vordergründig betrachtet mag man eine solche Abwehrhaltung noch nachvollziehen können. Sobald du jedoch einmal intensiver über die nicht zu bestreitenden Wirkzusammenhänge nachdenkst, wirst du feststellen, dass so dermaßen viele schlimme Dinge, die wir auf dieser Welt beobachten können, zumeist eben keinerlei „unverrückbare Naturgesetze" darstellen, so nach dem Motto „*Das war doch schon immer so....*", sondern, dass schlimme und schlimmste Entwicklungen auf dieser Welt das ebenso logische wie dann unvermeidbare

Resultat finsterer Mächte sind, die im Interesse nahezu der gesamten Weltbevölkerung enttarnt werden sollten.

Jeder Mensch, ja, auch du, kann und sollte im Rahmen der eigenen Möglichkeiten mit wachem Verstand durch diese Welt gehen.

Gerade weil viel zu viele Menschen wie willenlose Lemminge agieren, in dem ebenso bequemen wie jedoch falschen Glauben, dass „der Einzelne ja doch nichts ausrichten könne...", gerade deshalb haben finstere Mächte schon längst viel zu viel perfide und destruktive Macht an sich reißen können, die – wenn überhaupt – nur etwa einem Prozent der Weltbevölkerung zum Wohl gereichen, während nahezu die gesamte Menschheit schleichend und systematisch zugleich „ausgehebelt" wird.

Nicht zuletzt so manche der sog. „Qualitätsmedien" zehren noch immer – allerdings oftmals zu unrecht – von einem naiven Irrglauben wohlmeinender Mitmenschen, gutgläubig davon auszugehen, vollumfänglich und seriös hinsichtlich finsterer Machenschaften informiert zu werden?!

Jeder wachsame Mensch, dessen Verstand noch nicht in einem hirnlosen, multimedialen Pseudo-Informations-Chaos gänzlich vernebelt ist, müsste sich eigentlich darüber wundern, dass nicht selten ausgerechnet „urplötzlich" genau solche Leute – wie von Geisterhand - „von der Bildfläche verschwinden", die ebenso nachweislich unbestreitbare, wie höchst wichtige Aspekte sträflicher „Verzerrungen" in der Darstellung sog. „Qualitätsmedien" aufgedeckt haben?! In einer leichteren Form werden Menschen – neudeutsch - „Whistleblower", die unbequeme Wahrheiten aufdecken, veralbert und diskreditiert. In einer schwereren Form stößt dann solchen unliebsamen Zeitgenossen nicht selten ein „bedauerliches Unglück" zu...?! Leute, wacht bitte endlich auf, und lasst euch nicht zu passiven Handlangern finsterer Kräfte machen, die ganz bestimmt nicht euer Wohl im Sinn haben, sondern vielmehr eigene, destruktive Motive, unter denen nahezu die gesamte Menschheit zu leiden hat bzw. zunehmend zu leiden haben wird.

Youtuben dringend empfohlen

Wer endlich einmal wissen will,
wer diese Welt verdreht,
der sollte schleunigst recherchieren,
denn bald schon ist's zu spät!

Im Internet da musst Du schauen,
Youtube erklärt das Wahnsinnsgrauen.
Und Zensur eilt hinterher,
macht uns das Informieren schwer.

Hört die Signale, die hier rufen,
es folgen bald die nächsten Stufen.
Höchste Zeit wird's zu verstehn,
DIE wollen, dass wir untergehn!

Recherchiert nach "Himmelsstreifen",
versucht "Symbolik" zu begreifen.
Ihr werdet nach und nach erkennen,
wie alle wir in Flammen rennen.

Raimundo Germandi, 7.7.2013

Hast du dir vielleicht schon einmal ernsthaft die Frage gestellt, womöglich auch zu den Leuten zu gehören, die allen Ernstes glauben, sog. Qualitätsmedien wie beispielsweise die allabendlichen Nachrichtensendungen zur Hauptsendeseit informierten dich seriös und vor allem hinsichtlich wirklich relevanter Zusammenhänge?

Hast du dir schon einmal wachsam die Mühe gemacht, selbst zu recherchieren, um dann festzustellen, dass die sich vordergründig so seriös darstellenden Mainstreammedien sich oftmals alles andere als seriös verhalten, indem sie wiederholt oftmals genau solche Nachrichten erst gar nicht senden, die deutlich aufzeigen, wie heuchlerisch und verlogen viele der relevanten Bereiche auch dich betreffender Lebensbereiche dargestellt werden?

Reagierst auch du womöglich reflexhaft mit ebenso unsinnigen wie unhaltbaren Abwehrreaktionen, wenn man dich eindringlich darauf aufmerksam macht, selbst intensiver zu recherchieren, indem du vorschnell darauf hinweist, dass du ja „aufgrund von soooo viel Arbeit keine Zeit fändest, dich abseits der Mainstreammedien sachkundig zu informieren...“?! Dann lass' dir sagen: Wach' endlich auf, und bemühe dich darum, entscheidende Wirkzusammenhänge begreifen zu wollen, die letztlich auch dich in der einen oder anderen Art und Weise betreffen.

Löse dich von einer zumeist unreflektierten Naivität, allen Ernstes zu glauben, die sog. „seriösen“ Mainstreammedien informierten dich sachgerecht und ehrlich hinsichtlich fundamental wichtiger Entwicklungen, die sich auch in unserer Gesellschaft schon längst wie ein schleichend wirkendes Gift in immer mehr Lebensbereiche eingeschlichen haben.

Bedenke: Es hilft niemandem, immer wieder nur über dieses und jenes zu klagen, was – teils offensichtlich, teils auch eher subtil – in immer weiteren Lebensbereichen zu beobachten bzw. zu beklagen ist. Nein, entscheidend ist, dass jeder Mensch – ja, auch du – im Rahmen der eigenen Möglichkeiten aktiv und konsequent dafür sorgt, Mitmenschen für so dermaßen viele „Sauereien" zu sensibilisieren, die bei wachem Verstand schon längst gar nicht mehr übersehen werden können.

Einer der vermutlich auch dir bekannten, dümmsten und gefährlichsten Sprüche lautet: *„Ach, was soll ich da als Einzelner denn schon ausrichten? Das war doch schon immer so. Da kann man nichts machen..."*.

Aus einem derart unreflektierten, dümmlichen Spruch spricht vor allem eine Mischung aus Unwissenheit, Gleichgültigkeit sowie oftmals auch Resignation.

Doch, auch du kannst und solltest eben sehr wohl auch aktiv und konsequent etwas dazu beitragen, sowohl dir selbst, als auch deinen Mitmenschen die Chance einzuräumen, verstehen zu können, warum so viele beklagenswerte Dinge auf dieser in weiten Teilen aus dem Gleichgewicht geratenen Welt existieren, wie sie eben an allen Ecken und Enden zu beklagen sind.

Wach' auf, und erkenne, dass auch du – wie unzählige andere Mitmenschen – von finsteren Kräften als willfährige Marionette missbraucht wirst, um entscheidend und vor allem ausschließlich eigene, verwerfliche und schlimme Ziele durchsetzen zu können.

Wie hieß es schon im alten Rom? „Brot und Spiele". Ja, genau so ist es! Sieh' dich bitte einmal aufmerksam um, und du kannst gar nicht mehr übersehen, dass es unzählige – oftmals leider bedenklich erfolgreiche – Versuche gibt, immer weitere Teile unserer Gesellschaft restlos verblöden zu lassen. Hirnlose Shows im Fernsehen, minderwertige, teils widerwärtige Printmedien, fortschreitende Verrohung der Gesellschaft u. v. m.

Wie kann man sich noch darüber wundern, dass auch und nicht zuletzt in vielen der bis dahin als „Qualitätsmedien" anerkannten Printmedien mehr und mehr ein systematischer Qualitätsverfall zu beobachten ist?

Der offenbar bewusst betriebene Irrsinn destruktiver Kräfte im sog. „Bildungswesen" zieht sich wie ein unheilvolles Geschwür durch alle Bereiche. Beginnend schon im Grundschulbereich, über weiterführende Schulen, Berufsausbildungen bis in den universitären Bereich hinein, lässt sich schon längst nicht mehr bestreiten, dass das Bildungsniveau in weiten Teilen bedenklich abgesenkt worden ist.

Nicht zuletzt das „Verschenken" inflationär guter und sehr guter Noten hat sich schon seit etwa Mitte der 90er Jahre des 20. Jahrhunderts zu einer vor allem auch perspektivisch bedenklichen Entwicklung in unserer Gesellschaft ausgeweitet. Wen kann es da noch ernsthaft überraschen, dass nicht wenige Abiturientinnen und Abiturienten oftmals kaum mehr über solche Basisqualifikationen verfügen, die man in früheren Jahrzehnten dann auch wie selbstverständlich bei Menschen erwarten durfte, die eine Abiturprüfung erfolgreich bestanden hatten?!

Wie dem auch sei: In der diesem Buch beigefügten Videoliste, die du unter der Adresse **www.aribertboehme.de/Videoliste_2018.pdf** abrufen kannst, findest du eine repräsentative Auswahl wichtiger und „erhellender" Videos, die dir deutlich zeigen, dass es sehr wohl konkrete Möglichkeiten gibt – ja, auch für dich – sich abseits sog. „Qualitätsmedien" umfassend und zuweilen auch „unbequem aufrüttelnd" informieren zu können. Dazu musst du eben nur auch einmal deine „Komfortzone" verlassen wollen. Nutze deine Chance! Jetzt!

Ein Beispiel, das - stellvertretend für viele andere - aufzeigt, wie nachweislich verzerrt und verlogen gesellschaftliche Trends in vielen Mainstreammedien dargestellt werden, findest du beispielsweise in dem sehr lesenswerten und zutiefst nachdenklich stimmenden Buch von Dr. Udo Ulfkotte: *„Mekka Deutschland: Die stille Islamisierung."*

Nähere Infos dazu findest du hier:
https://www.amazon.de/Mekka-Deutschland-Die-stille-Islamisierung/dp/3864452171/ref=sr_1_2?s=books&ie=UTF8&qid=1522334959&sr=1-2&keywords=udo+ulfkotte

Kapitel 6. Die Zutexter

Die Zutexter

Manchen scheint es fast unmöglich,
zuzuhören, um zu blicken,
wie die anderen so ticken.

Vielmehr zeigen die Gestalten,
die ihre Texte mit Gewalten
in die Köpfe and'rer drücken,
taktlos lästiges Verhalten.

Wenn sie ihren Wortschwall dämpften,
mehr um Einfühlsamkeit kämpften,
wär'n ihre Worte interessanter,
die Gespräche viel entspannter.

Raimundo Germandi, 12.6.2013

Es ist eine Binsenweisheit, dass die meisten Menschen sich am liebsten selbst sprechen hören.

Nur vergleichsweise wenige Menschen beherrschen die Kunst aktiven Zuhörens, und noch weniger praktizieren selbige.

Zunächst einmal ist grundsätzlich nichts falsch daran, wenn Menschen ein intensives Mitteilungsbedürfnis haben. Schließlich wird dadurch oftmals eine gute Grundlage für eine dauerhaft wichtige zwischenmenschliche Kommunikation gelegt. So weit, so gut.

Bedenklich, und nicht zuletzt nervig wird es zumeist genau dann, wenn du es mit Menschen zu tun hast, die fortwährend – ohne Punkt und Komma – auf dich einreden, ohne zu merken, dass sie dadurch deine Geduld über Gebühr strapazieren.

Menschen, die stets und ohne Unterlass immer wieder nur eigene, sie beschäftigende Themen in einer nicht enden wollenden Gesprächslawine auf dich abzuwälzen versuchen, handeln äußerst egozentrisch und unempathisch.

Schon klar, ja, es gibt fraglos Lebenssituationen, bei denen du anderen Menschen die Chance einräumen solltest, intensiv über eigene – vor allem objektiv belastende Lebenssituationen – berichten zu dürfen. Das ist selbstredend völlig klar.

Hier ist jedoch etwas anderes gemeint. Hier geht es darum, zu erkennen, dass es nicht wenige Menschen gibt, die immer und überall sogleich ein Gespräch an sich zu reißen versuchen, indem sie dich schier endlos mit „ach so wichtigen Trivialitäten" zutexten, und gar kein Gespür dafür entwickeln, zu erkennen, wie sehr sie dir damit gehörig „auf die Nerven gehen...".

Solchermaßen agierende DauertexterInnen kannst und solltest du sehr wohl dann aktiv und konsequent in deren nicht enden wollenden Redefluss unterbrechen, da offenbar keinerlei Gespür für eigene Übergriffigkeiten zu existieren scheint?!

Zudem haben solche einseitigen Zutextungen mitnichten etwas mit dem zu tun, was man sich unter einem echten „Gespräch" vorstellen sollte, nämlich, einem wechselseitigen Gedankenaustausch, bei dem beide bzw. alle beteiligten GesprächspartnerInnen dann auch angemessen zu Wort kommen können.

Wahrhaft gute Gespräche entstehen vor allem dann, wenn sich alle Beteiligten ehrlich und konsequent darum bemühen, das jeweils Gesagte der GesprächspartnerInnen auch tatsächlich verstehen zu wollen.

Nur zu oft lässt sich beobachten – z. B. auch in vielen der unzähligen Talkshows im Fernsehen –, dass viele Menschen an einem „echten Gespräch" gar nicht interessiert zu sein scheinen, da sie nicht selten schon während des Sprechens eines anderen Gesprächsteilnehmers erkennbar nur hektisch darauf lauern, sofort wieder eigene Gedanken äußern zu wollen, ohne zuvor erst einmal in aller Ruhe über das zu reflektieren, was unmittelbar zuvor von anderen Menschen geäußert worden ist.

Besser, klüger sowie nicht zuletzt auch empathischer wäre es, würden Menschen während eines Gesprächs nicht immer sogleich nur danach Ausschau halten, wie Aussagen anderer GesprächsteilnehmerInnen sogleich kommentiert bzw. widerlegt werden könnten, sondern sich offen und ehrlich darum bemühen, das jeweils Gemeinte auch tatsächlich verstehen zu wollen.

Achtsam, empathisch und geduldig zuhören zu können, ist eine Kunst, die leider nur von wenigen Menschen praktiziert wird.

Also: Nutze deine Chance bei deinen Gesprächen, wahre und mitunter tiefe Beweggründe deiner GesprächspartnerInnen wirklich verstehen zu wollen, indem du dich in der Kunst achtsamer und empathischer Kommunikation übst. Letztlich gewinnen dadurch alle Beteiligten.

Kapitel 7. Die Aufgeber

Die Aufgeber

Die nichts ändern,
weil sie zweifeln,
dass sie könnten,
wenn sie wollten,
wo sie müssten,
weil sie merkten,
dass sie irrten,
zu bestreiten,
was die "Narren"
prophezeiten,
die schon ahnten,
wer im Kommen
durch Beschleichen
mit Symbolen
und Vorzeichen,
unsern Willen,
will erweichen,
müssen leben
mit den Folgen,
die durch Weigern
wär'n zu wehren,
um das Unheil
noch zu kehren
in den Ländern
auf den Meeren.

Raimundo Germandi, 10.7.2013

Kennst du womöglich auch Menschen, die – eine vorurteilsfreie Betrachtung vorausgesetzt – zwar über so allerlei Dinge des Lebens klagen, die aber zugleich oftmals reflexhaft agieren, wenn sie darauf aufmerksam gemacht werden, dass sie selbst es sind, die entscheidend dazu beitragen, dass sich durch fortgesetzte, penetrante Ignoranz teils offensichtlichen Aspekten gegenüber, mit dazu beitragen, dass sich viele Aspekte unserer in weiten Teilen so kranken Welt eben so darstellen, wie sie sich zeigen...?!

Gehörst du womöglich auch zu den Menschen, die auf jeden noch so achtsam und klar vorgetragenen Hinweis, selbst auch einmal aktiv etwas dazu beitragen zu sollen, Fehlentwicklungen zu verhindern bzw. zu korrigieren, sogleich reflexhaft mit ebenso leicht durchschaubaren wie zumeist unhaltbaren Scheinargumenten kontern, indem du darauf hinweist, dass du ja infolge *„ach so vieler Arbeit keine Zeit dafür hättest, mit wachem Verstand durch diese Welt zu gehen, um dann auch einmal selbst tätig werden zu können...?!"*?

Falls du dich in einer solchen Beschreibung wiedererkennen solltest, darfst du dich auch nicht darüber wundern, wenn auch dein Leben systematisch immer weiter von teils bedenklichen Entwicklungen betroffen sein wird, die – ja, auch du – durch engagiertes und konsequentes Handeln hättest mitgestalten können.

Wach' auf, und lass' dich nicht von täglichen „Märchenstunden" sog. „Qualitätsmedien" in die Irre führen, die dir vorzugaukeln versuchen, sie berichteten objektiv und vollumfänglich hinsichtlich wirklich wichtiger Aspekte, die „im Gange sind...".

Bedenke, auch und nicht zuletzt das „Auslassen relevanter Informationen", die zu einem differenzierten Weltverständnis unabdingbar vonnöten sind, ist eine Lüge.

Recherchiere selbst, und du wirst gar nicht mehr übersehen können, wie manipulativ so manche der sog. „Qualitätsmedien" agieren.

Kanonisch konjugierte Größen

Ein Geheimnis dieser Welt
scheinbar darin ist bestellt,
dass sich Beziehungen verstecken,
sobald wir ins Detail vorrücken.

Getrennt erleben wir die "Dinge"
von ihrem relativen Wert,
Verhältnismäßigkeit verschwindet,
weil der Bezug zu Fremdem stört.

Von Heisenberg wir kennen schon
dies als Unschärferelation.
Das Bewusstsein kann nur gänzlich fließen
zu jeweils einer solcher Größen.

Raimundo Germandi, 14.6.2013

Hast du dir vielleicht auch schon einmal die Frage gestellt, was genau Bewusstsein eigentlich ist? Wo genau es verortet werden könnte? Welche strukturelle Grundlage es haben könnte? Ob es außerhalb des menschlichen Bewusstseins auch andere Formen von Bewusstsein gibt? Ob, bzw. inwieweit Bewusstsein an bestimmte materielle Trägermedien gebunden ist?

Fragen über Fragen...

Allein schon in unserer Sprache findest du unterschiedliche Beschreibungen, ohne jedoch klar und eindeutig sagen zu können, was genau Bewusstsein denn nun tatsächlich ist?!

Da ist die Rede von individuellem Bewusstsein, kollektivem Bewusstsein, kosmischem Bewusstsein und noch vielen weiteren Ausprägungen.

Mittlerweile gibt es unterschiedlichste Erklärungsansätze, wobei jedoch letztlich bisher keine der gängigen Erklärungen eine erschöpfende und in sich schlüssige Beschreibung dessen liefert, was denn nun Bewusstsein konkret ist...?!

Gemäß vergleichsweise neuer Überlegungen, die nicht zuletzt im Zusammenhang mit der Hirnforschung kommuniziert werden, könnte es so sein, dass Bewusstsein ab einem Überschreiten eines hinreichend großen Komplexitätsgrades einer „Struktur" geradezu zwangsläufig entsteht. Demnach wäre Bewusstsein so etwas wie eine systemimmanente Eigenschaft komplexer Strukturen, wobei es zunächst einmal irrelevant zu sein scheint, auf welcher zugrundeliegenden materiellen Basis ein solches Bewusstsein entsteht.

Ob es sich dabei um eine Form von Bewusstsein handelt, die auf der Grundlage menschlicher Gehirne oder anderer, komplexer Strukturen entsteht, könnte womöglich eher sekundär sein.

In diesem Zusammenhang ist übrigens auffällig interessant, dass die Anzahl der Neuronen in menschlichen Gehirnen in einer sehr ähnlichen Größenordnung liegt, wie die Anzahl von Sternen in einer Galaxie – z. B. in unserer Galaxie, der Milchstraße; nämlich ca. 100 Milliarden.

Und nicht nur das...

Auch in der nächsthöheren Größenordnung, der Anzahl von Galaxien im bisher bekannten Universum, gibt es auffällige Parallelen.

Womöglich schimmert hier ein universelles (göttliches?!) Grundprinzip durch, das es zu entdecken gilt...?!

Schlussendlich gilt es den „universellen Schlüssel zum Verständnis" des Großen Ganzen zu entdecken. Und genau der könnte sich – so neuere Forschungsergebnisse – in den Zahlen bzw. Zahlenstrukturen verbergen, die uns in unterschiedlichsten Situationen unseres Lebens im speziellen sowie im Universum als Ganzes an allen Ecken und Enden begegnen.

Nicht zuletzt die Intelligenzforschung hat längst klar belegt, dass vor allem die Fähigkeit zum Erkennen komplexer Muster eine fundamentale und unverzichtbare Voraussetzung für Intelligenz darstellt. Menschliche Gehirne sind so konstruiert, dass sie – ob du willst oder nicht – fortwährend nach Mustern suchen, denen sie dann eine Bedeutung zuschreiben möchten.

Dabei ist es unerheblich, ob als Trägermedium biologische, unbelebte oder wie auch immer geartete „Bausteine" verwendet werden. Vielmehr entscheidend sind einzig strukturell erkennbare Muster, die ihrerseits dann zu dem führen, was wir gemeinhin als Bewusstsein bezeichnen.

Die elementarste Grundlage, auf der intelligente Muster abgebildet werden können, sind letztlich Zahlen bzw. Zahlenstrukturen. Demnach könnten Zahlen so etwas wie die „atomaren Bausteine von Bewusstsein" sein, die dann auch zeit- und raumlos existieren.

Kapitel 9. Vom rechten Gehorsam

Vom rechten Gehorsam

Wert' wie Würde sind von allen
identisch im Vergleich,
darum hat nicht der mehr Würde,
der auf Erden ist mehr reich!

Hörigkeit ist falscher Glaube,
es gibt nicht wichtigere Seelen!
Niemand sollte sich erlauben,
solchen Unfug zu befehlen.

Doch ruht inmitten eines jeden
ein Gewissen, welches weiß,
ob etwas gut ist oder böse,
nur darauf höre und verheiß.

Sollt' es sich jedoch ergeben,
dass ein rechter Hinweis zeigt,
wobei Dein innerstes Erleben
übereinzustimmen neigt.

Dann gehorche solcher Stimme,
denn sie meint es mit Dir gut,
öffne alle Deine Sinne,
Ehrlichkeit fließt mit dem Blut.

Raimundo Germandi, 13.6.2013

Ist dir vielleicht auch schon aufgefallen, dass auf dieser in weiten Teilen so kranken Welt oftmals mit zweierlei Maß gemessen wird?

Oftmals drängt sich der unangenehme Eindruck auf, dass dem weithin bekannten Spruch, „Geld regiert die Welt", eine ebenso bedenkliche wie offensichtliche Bedeutung zukommt.

Offenbar gibt es Menschen, die „gleicher als andere" zu sein scheinen?! In unterschiedlichsten Zusammenhängen ist zu konstatieren, dass Recht haben und Recht bekommen schon längst nicht mehr das Gleiche zu sein scheinen.

Menschen, die über nicht selten unanständige Vermögenswerte verfügen, „erkaufen sich nicht selten ihr ganz individuelles Recht", indem mehr oder weniger offensichtliche Bestechungen stattfinden.

Da gibt es z. B. Manager, die millionen- oder sogar milliardenschwere Verluste zu verantworten haben, die dann jedoch zugleich mit geradezu pervers hohen Bonizahlungen für offensichtliche Misswirtschaft auch noch fürstlich belohnt werden. Zugleich werden Gehälter von Mitarbeiterinnen und Mitarbeitern, die täglich dafür sorgen, dass überhaupt nicht selten gigantische Gewinne verbucht werden können, immer weiter gekürzt, mit der ebenso vorhersehbaren wie menschlich abstoßenden Konsequenz, dass viele Menschen nicht mehr wissen, wie sie perspektivisch ihren oftmals ohnehin sehr bescheidenen Lebensunterhalt überhaupt noch finanzieren können...?!

Da gibt es Menschen, die sich – trotz nachweislich widerwärtigster, krimineller Machenschaften – offenbar freikaufen können, obwohl sie nicht selten sehr lange Haftstrafen „verdient" hätten. Zugleich werden Menschen wegen vergleichsweise geradezu lächerlicher „Vergehen" bestraft, wenn sie beispielsweise einen Verzehrbon in Höhe weniger Euros haben „verschwinden lassen". Offenbar ist die Würde eines Menschen in dieser geisteskranken Welt oftmals an den „Geldbeutel" gebunden...?!

Kapitel 10. Gedankenpflanzer

Gedankenpflanzer

Gerät Gesundes auch ins Wanken,
so pflanz ich heut noch den Gedanken,
dass das Pflanzen von Gedanken
lindernd einwirkt beim Erkranken.

Und so will ich nur noch denken:
"Möge uns von oben lenken,
eine Kraft, die meine Welt
auch weiterhin im Lote hält."

Meinem ersten kranken Scheinen
möchte ich entgegen weinen,
dass die Welt ihr Lot sich teilt
mit lauter Liebe, die sie heilt.

Pflanz auch Du Gedanken leise,
schick sie auf die liebe Reise.
Schließe Dich den Pflanzern an,
sieh, wie Dein Denken wandeln kann.

Raimundo Germandi, 20.05.2014

Getreu dem weithin bekannten Spruch: *„Wüsste ich, dass morgen die Welt untergeht, würde ich heute noch ein Apfelbäumchen pflanzen,"*, ist es auch hilfreich, darüber nachzudenken, wie hilfreich es sein wird, gute Gedanken zu „pflanzen".

Gedanken, gute wie schlechte, entwickeln eine nicht zu unterschätzende Kraft.

Was immer auch in diesem Universum existiert, schlussendlich lässt es sich als das Ergebnis einer mitunter sehr langen Kausalkette von Ereignissen verstehen, die ursächlich durch „reine Energie" in Form von Gedanken ins Leben gerufen wurden.

Anders formuliert: Was immer auch geschieht, zuerst ist immer ein Gedanke vorhanden, der dann im weiteren Verlauf aufgrund einer unterschiedlich komplexen Ereigniskette zu Situationen führt, die du dann womöglich als „zufällig" oder „schicksalhaft" bezeichnest.

Gib dir und deinen Mitmenschen im Kleinen wie auch dem Großen Ganzen die Chance, durch das „Pflanzen guter Gedanken" aktiv und konsequent mit dazu beizutragen, dass sich diese offenbar in so vielerlei Hinsicht kranke Welt zu einer besseren, lebenswerteren und friedlicheren Welt entwickeln kann.

Unterschätze bitte niemals die Kraft deiner Gedanken, denn sie bewirken – im Guten, wie im Schlechten – Konsequenzen, die schlussendlich auch wieder auf dich und dein Leben rückwirken werden.

Nutze jede sich dir bietende Gelegenheit zum „Pflanzen" guter und konstruktiver, liebevoller Gedanken, und du trägst somit mit dazu bei, dass sowohl das Echo für dich, als auch für das Große Ganze perspektivisch konstruktiver, liebevoller und schöner sein wird.

Bedenke: Deine Gedanken bestimmten dein Schicksal. So oder so...

Kapitel 11. Bedeutungslos dahingeschrieben

Bedeutungslos dahingeschrieben

Es gibt Kommentare, so sinnlos und leer,
sie drängen sich auf, schmeißen Silben daher.
Da gerät man in Sorge um Sinn und Verstand,
wie konnt Solches entstehen durch menschliche Hand?
Da gibt es wohl einsamste Gemüter im Netz,
die verschwenden ihr Leben mit dümmstem Geschwätz.
Ihre Seele entleerend hoffen sie wohl,
dass ein and'rer sie liest, der gleichsam so hohl.
Sie suchen den Anschluss, doch sie ecken nur an,
wie armselig sind solcherlei Frau oder Mann.

Ob da womöglich im Umfeld was fehlt?
Leben sie offline denn völlig entseelt?

Wir sollten die Realität nicht verachten,
es gab schon zu viele, die sie nur online verbrachten.

Raimundo Germandi, 30.6.2013

Im Zeitalter sog. „Sozialer Netzwerke" fühlen sich offenbar nicht wenige Menschen dazu aufgefordert, alles und jedes – und sei es auch noch so unbedeutend – sogleich kommentieren zu müssen.

Abgesehen davon, dass unverhältnismäßig viele Banalitäten kommuniziert werden, die geradezu sträflich viel an wertvoller Lebenszeit zumeist sinnlos verschwenden, lässt die Qualität sehr vieler Kommentare arg zu wünschen übrig.

Bei genauerem Hinsehen drängt sich der Verdacht auf, dass viele hirnlose Geister offenbar eine Kompensation für ihr sinnentleertes und dumpfes Leben suchen, indem sie zu allen nur denkbaren Ereignissen stets sogleich „ihren Senf dazu geben...", und offenbar gar nicht merken, wie unsinnig, hohl und destruktiv ihr Treiben ist.

Sehr viel klüger, effektiver und konstruktiver wäre es für die Betreffenden, verwendeten sie Zeit und Energie darauf, wesentliche Zusammenhänge unserer komplexen Welt verstehen zu wollen, in die sie schließlich nicht zuletzt auch selbst eingebunden sind.

Bedauerlicherweise werden Achtsamkeit, kritische Selbstreflexion eigenen Denkens und Handelns gegenüber kaum mehr angemessen geübt.

Vielmehr werden schon heranwachsende Kinder und Jugendliche – teils aktiv, oftmals jedoch auch perfide subtil – dazu angeleitet, auf alles und jedes, was „nicht in den Kram passt", sogleich reflexhaft mit zumeist ebenso dümmlichen, wie oftmals ehrverletzenden Kommentaren zu reagieren.

Sog. „Soziale Netzwerke" tragen – (gewollt?!) entscheidend mit dazu bei, eine Unkultur sozialen Pöbelns und inflationären Dummschwätzens zu befeuern, da heutzutage jeder Mensch – und sei er geistig auch noch so arm – eigene „Ausschussware" absondern kann, indem er seine geistigen „Ergüsse" ungewollt anderen, nicht selten ebenso dümmlichen Zeitgenossen aufdrängen kann. Irre!

Im Zeitalter von Internet und Handy haben sich – aus verständlichen Gründen – Kommunikationsformen den neuen Möglichkeiten angepasst. So weit, so gut.

Auffällig in diesem Zusammenhang ist jedoch, dass auch zuvor schon niveaulose Kommunikationsformen durch neue, technische Möglichkeiten eine sich geradezu explosionsartig ausbreitende Plattform erhalten haben, die berechtigten Anlass zu großer Sorge gibt.

War es bis dahin noch so, dass verbale Entgleisungen primär im direkten, menschlichen Kontakt stattfanden, multiplizieren sich schlimme Auswüchse degenerativer Kommunikationsformen in den neuen Medien auf eine ebenso erschreckende, wie perspektivisch höchst bedenkliche Art und Weise.

Betritt man heutzutage – von wenigen, rühmlichen Ausnahmen abgesehen – einen der vor allem von Jugendlichen gerne besuchten Chatrooms, fällt meistens schon nach kürzester Zeit auf, dass sowohl die Themenauswahl, als auch vor allem das Kommunikationsniveau auf einer nicht selten bedenklich niedrigen – um nicht zu sagen primitivsten – Ebene stattfindet.

Angefangen von vergleichsweise albernen und dummen Sprüchen, die nahezu immer zum Ziel haben andere ChatteilnehmerInnen zu beleidigen, über Obszönitäten bis hin zu direkten Gewaltandrohungen, findet man in vielen Chatrooms die gesamte Palette menschlicher Irrungen und Wirrungen, denen erkennbar jegliches Korrektiv zu fehlen scheint. Schon das unübersehbar stark verarmte Vokabular viele ChatteilnehmerInnen lässt erahnen, welches geistige Potenzial die AbsenderInnen in sich zu tragen scheinen. Eine Mischung aus chaotischen Abkürzungen, unverhältnismäßig vielen Rechtschreibfehlern, fehlende Logik sowie einer Fülle persönlicher Anfeindungen, prägen typischerweise das Bild in vielen solcher Chatrooms.

Dieses Phänomen des „verbalen Pöbelns" findet man jedoch keineswegs nur in Chatrooms für Jugendliche. Vielmehr scheint es sich um eine „Krankheit" zu handeln, die sich quer durch alle Altersklassen zieht.

Da gibt es beispielsweise Diskussionsforen, die sich vordergründig einen pseudo-seriösen Touch gönnen, bei denen jedoch bei näherer Betrachtung schnell klar wird, dass ein erheblicher Teil der dort anzutreffenden ChatteilnehmerInnen ebenfalls Kommunikationsformen pflegt, die von einer unübersehbar destruktiven Grundstimmung gekennzeichnet sind. Persönliche Beleidigungen, alberne und ehrverletzende Anfeindungen, Ignorieren klarer Fakten, gruppendynamische Zwangsprozesse, in deren Verlauf sich viele Verbalchaoten wechselseitig auf solche ChatteilnehmerInnen stürzen, die erkennbar seriös und sachlich diskutieren möchten, psychisch gestörte Menschen, die eigene Defizite durch Pöbeleien ausgleichen möchten, alles das – und noch viel mehr – gehört zum bedauerlichen Standard vieler Chatrooms.

Obwohl diese sowohl pädagogisch, als auch gesamtgesellschaftlich relevanten Fakten hinlänglich bekannt sind, wird dies in einer unverantwortlichen Art und Weise von vielen Erwachsenen ignoriert. Was denken sich z. B. Erwachsene, die es zulassen, dass sich Kinder oder Jugendliche in Umgebungen aufhalten, die erkennbar von Destruktivität und Niveaulosigkeit geprägt sind? Wie ignorant und unwissend zugleich muss ein Erwachsener sein, solche bedenklichen Entwicklungen nicht schon im Ansatz zu unterbinden?

Nicht zuletzt die Hirnforschung belegt zweifelsfrei, dass ein regelmäßiger Konsum destruktiver „Umgebungen" geradezu zwangsläufig auf die Persönlichkeitsentwicklung von Kindern und Jugendlichen abfärbt.

Die Diskrepanz zwischen Ignoranz einerseits und oftmals geheuchelter „Überraschung" hinsichtlich der daraus resultierenden Konsequenzen anderseits ist unübersehbar. Was sind das für Leute, die einerseits in unverantwortlicher Art und Weise elementarste pädagogische und psychologische Grundsätze ignorieren, anderseits dann sich darüber wundern, dass die Resultate fortgesetzter Ignoranz alles andere als günstig ausfallen?

Kinder und Jugendliche, die schon frühzeitig lernen, dass es offenbar völlig normal sei, Meinungsverschiedenheiten durch verbale Pöbeleien auszutragen, werden denkbar ungünstig auf ihr weiteres Leben vorbereitet.

Kinder und Jugendliche, die sich oftmals stundenlang in bedenklichen Chatrooms aufhalten, werden systematisch und schleichend auf ein primitives Kommunikationsniveau herunter geregelt, das sie dann i. d. R. auch im direkten Gespräch mit Menschen anwenden. Wie ignorant müssen z. B. auch BetreiberInnen solcher Chatrooms sein, aktiv zuzulassen, dass sich auf ihren Plattformen primitivste Kommunikationsformen etablieren können, denen jegliche konstruktive Grundlage fehlt?

Wie ignorant und verantwortungslos müssen manche Erwachsene sein – aktiv oder passiv – mitanzusehen, dass Kinder und Jugendliche Chatrooms nutzen, in denen der überwiegende Teil der TeilnehmerInnen offenbar nichts Besseres zu tun haben, als verbale Pöbeleien abzusondern?

Mit Blick auf wissenschaftlich längst bewiesene Korrelationen zwischen einem Kommunikationsniveau und dem geistigen Potenzial eines Menschen einerseits, und einer wünschenswerten, gesamtgesellschaftlichen Entwicklung hin in Richtung eines guten Niveaus anderseits, wirkt es schon sehr befremdlich, dass solch' ebenso klare wie leicht verständliche Zusammenhänge immer wieder penetrant ignoriert werden.

Getreu dem Motto: „Wehret den Anfängen", kann nur dringend angeraten werden, rechtzeitig, konsequent und nachhaltig darauf zu achten, dass erkennbar destruktive Auswüchse schon im Ansatz unterbunden werden. Geschieht dies nicht, ist es nicht überraschend, dass man sich in unterschiedlichsten Alltagssituationen einer beängstigend anwachsenden Zahl von Verbalchaoten gegenüber sieht, denen es erkennbar primär um Krawall, weniger aber um einen konstruktiven Austausch von Meinungen und Ideen geht.

Unsere Gesellschaft wird das ernten, was sie zuvor gesät hat.

Kapitel 12. Im Kosmos

Im Kosmos

Ein ganz gewöhnlicher Vorgang.

Pikosekundenlang blitzte
ein Nanopixel auf.

Es war uns're Welt
mit Freud und Leid
und all dem Geld.

Bewusstseinspixel
glauben das zu wissen.
Das All,
es würd sie kaum vermissen!

Doch bist Du unsagbar wichtig.
Denn Du bist woanders! Richtig?

Raimundo Germandi, 19.8.2014

Hast du dir schon einmal ernsthaft die Frage gestellt, wer du eigentlich bist? Was genau zeichnet dein ICH aus? Wo überhaupt ist dein ICH? Was genau ist dein SEIN?

So trivial wie befremdlich solche Fragen womöglich auf den ersten Blick erscheinen mögen, so fundamental entscheidend sind sie jedoch für ein tieferes Verständnis deines individuellen Lebens, des Lebens im allgemeinen sowie ganz grundsätzlich zum SEIN schlechthin.

Sofern du dir solche oder ähnliche Fragen womöglich bisher in deinem Leben noch gar nicht gestellt hast, nimmst du dir grundlos die Chance, nicht irgendeine x-beliebige Frage nicht beantwortet zu bekommen, sondern vielmehr schneidest du dich ohne Not von DER entscheidenden Frage schlechthin ab, die da lautet: Was genau zeichnet Leben aus?

So ungewöhnlich es vielleicht zunächst auf dich wirken mag, so gib dir bitte selbst die Chance, solchen letztlich entscheidenden Fragen auf den Grund zu gehen.

Was denkst du? Was genau ist dein SEIN? Wie und wo genau glaubst du es verorten zu können? Gibt es ein SEIN unabhängig von dir, deinem Körper, deinem ICH? Was überhaupt stellst du dir konkret unter deinem ICH vor? Denkst du, dass dein ICH oder das SEIN raum- und zeitlos sind? Falls ja, wie sollte das konkret aussehen? Falls nein, worin genau erkennst du dann für dich den Sinn deines SEINS?

Falls du dich durch solche oder ähnliche Fragen zunächst irritiert fühlen solltest, befändest du dich in „guter" Gesellschaft.

Warum? Nun, wenn du dich in deinem Umfeld umschaust, wirst du schnell feststellen, dass dir die meisten Menschen keinerlei zufriedenstellende Antwort auf solche Fragen zu geben vermögen. Eher wirst du vielfach auf spontane Ablehnung stoßen, da du es „wagst" Fragen zu stellen, die erkennbar sehr weit abweichen von denen, mit denen sich die meisten deiner Mitmenschen beschäftigen.

Auffällig in unserer aktuellen Zeit ist beispielsweise, dass unzählige Quizshows „wie Pilze aus dem medialen Boden schießen", in denen nicht selten unzählige, oftmals belanglose Fragen gestellt werden, deren Bedeutungsgrad für dein Leben sowie für das Leben im allgemeinen keinerlei verifizierbare Relevanz haben.

Fragen dagegen, die den „Kern des Ganzen" betreffen, werden nicht selten in das Reich „des Abwegigen" verdrängt.

Nicht selten wirst du nur ein mitleidiges Lächeln ernten, wenn du Fragen zentraler Bedeutung stellst. Schnell wirst du als komischer Kauz oder als Exot abgestempelt, der irgendwie weltfremd wirkt.

An dieser Stelle sollte die Frage gestellt werden: Wer ist wohl bei genauer Betrachtung „weltfremd"? Menschen, die fundamental wichtige Fragen des SEINS zu beantworten versuchen, oder solche, die allen Ernstes glauben, sie könnten irgendeinen relevanten Erkenntnisgewinn daraus ziehen, in dem sie mitunter gigantische Mengen bedeutungslosen Datenmülls in sich anhäufen, der allenfalls noch dazu taugt, ebenso „unterbelichtete" Mitmenschen in inflationär platzierten Quizshows beeindrucken zu können.

Sobald du einmal intensiv darüber nachdenkst, in welch gigantische Maschinerie auch du und dein SEIN eingebunden sind, indem du dir einmal die schier astronomischen Größenordnungen – sowohl räumlich, als auch zeitlich – vor deinem geistigen Auge vergegenwärtigst, spätestens dann müsstest du deutlich spüren, wie immens wichtig es ist, dass du genau solche Fragen der hier aufgeworfenen Art für dich zu beantworten versuchen solltest.

Ja, zugegeben, das ist zu Beginn kein leichter Akt. Jedoch – und genau das ist der entscheidende Aspekt – wirst du somit unzählige Aspekte deines Lebens, die du bisher – mangels besseren Wissens – alles andere als klug und sinnvoll gemanagt hast, in einem gänzlich neuen Licht betrachten können.

Um dir die objektiv bekannten Fakten ein wenig zu verdeutlichen, seien hier einige Rahmendaten genannt, die dir ein Verständnis von den fürwahr gigantischen Dimensionen des SEINS vermitteln können.

Das kosmische Alter des bisher bekannten Universums beträgt etwa 13,7 Milliarden Jahre. In Zahlen: 13.700.000.000. Das Alter unserer Erde beträgt etwa 4,5 Milliarden Jahre. Setzt man diese Zahlen nun in Relation zur „Struktur Mensch", ist bekannt dass „der Mensch" vor ca. 200.000 Jahren die Lebensbühne hier auf dieser Erde betreten hat. Neueste Forschungsergebnisse gehen davon aus, dass dieser Zeitraum ggf. um einige hunderttausende Jahre erweitert werden müsste, doch das ändert faktisch wenig bis gar nichts an den grundsätzlichen Relationen.

Betrachtet man nun ein einzelnes menschliches Leben, so währt dies vielleicht 70, 80, 90 oder gar 100 Jahre. Schon jetzt müsste dir allmählich klar werden, dass somit die Zeitspanne eines einzelnen Menschenlebens – so auch deines – nicht mehr ist als ein geradezu mikroskopisches „Aufblitzen im schier unendlichen Meer der Zeit".

Ist es vor diesem Hintergrund nicht geradezu aberwitzig, zu beobachten, wieviel unnötige Energie sehr viele Menschen – tagein, tagaus, damit verschwenden, sich so dermaßen viele Sorgen um das eigene „mikroskopische Lebensatom" zu machen?

Viel wichtiger ist die Frage, zu verstehen, wie jedes Leben in das Große Ganze eingebunden sein könnte? Auch du bestehst – ob du das nun wahrhaben möchtest oder nicht – aus Sternenstaub. Und genau das ist keineswegs nur ein „schönes Bild", sondern vielmehr längst wissenschaftlich fundiert zu belegen.

Das gesamte, bisher bekannte Universum besteht aus einer zwar gigantischen, jedoch prinzipiell endlichen Anzahl von „Partikeln", die im Strom der Zeit immer wieder zu neuen Strukturen kombiniert werden. Gemäß dem aus der Physik bekannten Energieerhaltungssatz, geht in einem geschlossenen System letztlich keine Information wirklich verloren. *(Anmerkung: Gemäß der aktuell offiziellen Lehrmeinung in der Physik bezieht sich der Energieerhaltungssatz auf die Energie, nicht auf die Information. Da setze ich als Autor an dieser Stelle zumindest mal ein „kleines Fragezeichen". Warum? Nun, es wird sich zeigen, ob nicht „Information" eben sehr wohl und entscheidend auch bzw. sogar eine ganz besondere „Form von Energie" darstellt...?!). Die Zukunft wird den Weg weisen...*

Konkret bedeutet das – so auch für menschliches Leben – dass sich zwar jeweils strukturell die Formen verändern, in denen uns Leben begegnet. Doch, das, was den Wesenskern ausmacht – ganz gleich, wie du es auch nennen magst, ob Seele, kosmisches Sein oder wie auch immer –, genau das ist raum- und zeitlos.

Du wirst die Erfahrung machen, dass, sobald du dich mit solchen wirklich zentralen Fragen des Lebens, des SEINS befasst, du dich und dein Leben in einem gänzlich neuen Licht betrachten wirst. Sobald du tatsächlich verstanden hast, wie unnötig und unsinnig es letztlich ist, immer wieder so dermaßen viel Zeit und Kraft darauf zu verschwenden, dein mikroskopisches Leben „regeln zu wollen", und du dich stattdessen den wahrhaft entscheidenden, wirklich großen Fragen des Ganzen zuwendest, wirst du eine bis dahin noch nie erlebte Befreiung im Umgang mit dir und der Welt erleben, die du bis dahin nicht für möglich gehalten hättest.

Kapitel 13. Bedenkenträger

Bedenkenträger

Wer immer zögert, zaudert, wägt,
wer immer nur Bedenken trägt,
kommt so sodann nicht wirklich weiter,
bleibt scheusam steh'n vor jeder Leiter.

Entscheidung wahrte ihn vor'm Scheitern,
würd' flugs sein Fortkommen erweitern.

Mild wollte man ihm mahnend rufen:
Steig Deine Sprossen und die Stufen
doch entschlossen ohne Hufen!

Raimundo Germandi, 2.9.2014

Ausgangspunkt dieser Überlegung könnte eine Erkenntnis sein, die zwar zunächst desillusionierend ist, die jedoch grundsätzlich einen hohen Wahrheitsgehalt transportiert, der da lautet:

„Das Einzige, was sicher ist, ist, dass nichts sicher ist."

Es ist menschlich verständlich, wichtige Entscheidungen, vor allem solche, die eine perspektivisch umfangreiche Tragweite haben, sorgsam und vollständig abwägen zu wollen. Allerdings wird dabei oftmals übersehen, dass letztlich jede Entscheidung durch eine nicht zu überschauende Anzahl von „Störfaktoren" beeinflusst wird, die kein Mensch – auch du nicht – auch nur annähernd vollständig überblicken kann.

Achte darauf, dass es dir nicht so geht wie einem oftmals zitierten Esel, der vor einem vollen Kühlschrank verhungert ist, da er sich infolge der großen Auswahl an Lebensmitteln nicht entscheiden konnte, was er nun fressen sollte?

Im übertragenen Sinn bedeutet das: Bedenke, dass es in den meisten Fällen klüger und effektiver ist, eine Entscheidung zu treffen, die vielleicht nur 90 Prozent der wünschenswerten Rahmenbedingungen erfüllt, als gar keine Entscheidung zu treffen.

Menschen, allen voran Perfektionisten, verschwenden nicht selten unverhältnismäßig viel Zeit und Energie darauf, Entscheidungen zu treffen, von denen sie denken, sie erfüllten 100 Prozent der wünschenswerten Randbedingungen. Allerdings ist das in den allermeisten Fällen ein Trugschluss, ernsthaft zu glauben, dies sei möglich.

Warum denken und handeln manche Menschen gemäß einer solchen Maxime, bei der schon im Ansatz klar ist, dass sie scheitern wird? Nun, die psychologische Forschung hat gezeigt, dass sich hinter einem letztlich unerfüllbaren Wunsch von Perfektionisten, jede Entscheidung nur dann treffen zu können, wenn 100 Prozent der Zielvorstellung erfüllt werden, tiefe Ängste verbergen.

Das Leben, und insbesondere auch das menschliche Leben ist grundsätzlich und sprichwörtlich „lebensgefährlich". Wie immer du auch deine Entscheidungen triffst, schlussendlich wirst du nicht um die Erkenntnis umhin kommen, dass auch du sterblich bist. Dies zu akzeptieren bedeutet zunächst einmal für jeden Menschen eine bittere Erkenntnis.

Das entscheidende Manko, dem sich vor allem Perfektionisten ausgesetzt sehen, besteht im Kern darin, diese ebenso unbestreitbare wir unausweichliche Tatsache nicht akzeptieren zu können. Anstatt zu begreifen, dass es erheblich klüger ist, zuweilen auch solche Entscheidungen zu treffen, die „nur" als zweite Wahl verstanden werden können, investieren Perfektionisten immer wieder unverhältnismäßig viel Energie in ein hoffnungsloses Unterfangen, auf der Suche nach einer stets perfekten Entscheidung, die es jedoch nur in den allerwenigsten Fällen geben wird.

Nicht zuletzt im Umfeld der Schachprogrammierung hat sich gezeigt, dass heuristische Suchverfahren zumeist erheblich effektiver sind, als solche Algorithmen, die grundsätzlich hundertprozentige Lösungen anstreben.

Bedenke, nahezu immer ist es besser, du triffst überhaupt eine Entscheidung in dem Wissen, dass sie nicht allen denkbaren Randbedingungen entspricht, anstatt schier endlos zwischen Verzweiflung und Nichtstun hin und her zu schwanken. Genau das ist nämlich massiv kräftezehrend und frustrierend.

Kapitel 14. Das Geld

Das Geld

Allmählich wissen viele,
dass Geld nicht funktioniert,
wenn in absurdem Stile
ein Zinseszins fingiert.

Nach billigem Bedrucken
von Scheinen wertlos bunt,
schicken Gauner ohne Zucken
sie als Zahlungsmittel rund.

Sie kaufen Immobilien
wie Gold und Silber auf,
zerstören die Familien
und manchen Lebenslauf.

Und Kunden zocken, zahlen
mit elektronischem Papier,
verstärken ferne Qualen,
verzehren sich dafür.

Wenn dann Ihr Euch verschuldet
aus Versicherungenpflicht,
verleih'n Euch Diebe gnädig
Kredite oder nicht.

⋮

⋮

Mit Zinsen in Prozenten,
die niemals produziert,
vernichten sie Euch Renten,
die vorher garantiert.

Sie könnten uns mit Drohnen
längst alle kontrollier'n,
sie brauchen keinen schonen,
wir sollten rebellier'n!

Das Geld ist eine Fessel,
lassen wir doch alle los!
Dann fällt in seinen Kessel,
der aufgeduns'ne Kloß.

Raimundo Germandi, 29.05.2014

Geld ist eine perfide Form der Sklaverei.

Ursprünglich als sinnvolles und leicht zu handhabendes Tauschmittel gedacht, hat sich Geld längst zu einem unheilvollen Krebsgeschwür unserer Welt entwickelt, das mehr und mehr Menschen mit einer geradezu teuflischen Systematik in den Abgrund reißt.

Geld ist längst zum Selbstzweck mutiert, und erfüllt in weiten Teilen nicht mehr den Zweck, für den es ursprünglich gedacht war.

Geld und Gier hängen offenbar ursächlich zusammen. Die Gier nach immer mehr Geld zeigt von Tag zu Tag deutlicher, dass sie zunächst einige wenige, dann immer mehr Menschen in einen unheilvollen Abwärtsstrudel zieht, der längst eine beängstigende Eigendynamik entwickelt hat.

Eine immer absurder werdende Bedeutung, die viele Menschen dem Geld beimessen, geht einher mit einem immer schneller schwindenden Gefühl von Menschlichkeit.

Sehr viele Menschen sind bereits zu geldgeilen und zunehmend skrupellosen Sklaven ihrer eigenen Gier degeneriert, deren primäres Interesse oftmals nur noch darin besteht, noch mehr Geld anzuhäufen, um dadurch überflüssige Dinge kaufen zu können, die ihre menschliche Leere zu kaschieren versuchen.

Kehrt um, und befreit euch aus dieser modernen Form der Sklaverei, die euch und die Welt in den Abgrund reißen wird!

Sieh dich um in dieser in so weiten Teilen kranken Welt, und du begegnest immer mehr Menschen, deren primäres Lebensziel offenbar darin zu bestehen scheint, immer schneller und immer mehr zu konsumieren.

Du begegnest Menschen, die wie ferngesteuerte Roboter jeden noch so unsinnigen Konsumtrend wie eine Herde willfähriger Lemminge kritiklos mitmachen.

Viele Menschen kaufen so allerlei Dinge von Geld, das sie eigentlich nicht haben, die sie zumeist nicht wirklich brauchen, um damit nicht selten Leute zu beeindrucken, die sie nicht mögen. Wie anders, als geisteskrank sollte man ein solches Verhalten noch bezeichnen?

Schon kleine Kinder werden nicht selten von Kindesbeinen an „angefüttert" mit nicht selten perfiden, werbepsychologischen Tricks, um fortwährend ausreichend biologischen Nachschub für ein im Kern längst als geisteskrank und höchst destruktiv erkanntes Wirtschaftssystem zu züchten, das schon längst den Keim des eigenen Untergangs in sich trägt.

Wie unfassbar unwissend, ignorant und geradezu sträflich dumm müssen wohl Menschen sein – quer durch alle Altersklassen und ungeachtet spezieller Bildungsschichten – nicht begreifen zu wollen, dass sie sich – noch dazu zumeist freiwillig – als naive und willfährige Konsumsklaven missbrauchen lassen?

Bedenke: Das, was für dich und dein Leben entscheidend wichtig ist, wirst du mit keinem noch so exzessiv betriebenen Konsum dauerhaft befriedigen können.

Abgesehen von jeweils kurzen Kicks, bei denen du im Laufe der Zeit die Dosis wirst erhöhen müssen, um vergleichbare Glücksgefühle erzeugen zu können, wird dich kein wie auch immer geartetes Konsumgut klassischer Prägung dauerhaft glücklich machen können.

Vielmehr wirst du die unerfreuliche Feststellung machen, dass du auch die Frequenz potenziell Glücksgefühle erzeugender Konsumdrogen immer weiter erhöhen musst, um ein Level zu halten, das auf einer höchst schädlichen Basis fußt.

Das, was letztlich für dich und dein Leben relevant ist, wirst du mit keinem

Geld dieser Welt kaufen können. Gesundheit, Freundschaft, Liebe, Vertrauen und noch einiges mehr, das alles sollten Aspekte deines Lebens sein, auf denen du vor allem langfristig aufbauen kannst.

Jedem, der nicht gänzlich blind ist, müsste längst klar sein, dass ein Wirtschaftssystem, das ein grenzenloses und fortwährendes Wachstum zur Maxime seiner Existenzberechtigung erhebt, den eigenen Untergang schon im Ansatz in sich trägt. Grenzenloses Wachstum, wie es beispielsweise auch bösartige Krebszellen zeigen, führt unweigerlich zum Tod des jeweiligen Wirts. Das sollte uns allen eine eindringliche Mahnung sein, verstehen zu wollen, dass eine solch' destruktive Idee eines grenzenlosen Wachstums vorhersehbar in den sicheren Zusammenbruch des gesamten Systems geradezu führen muss.

Hast du dir schon einmal die Frage gestellt, warum es wohl so ist, dass wir zumeist gedankenlos dazu animiert werden, permanent neue Gerätschaften kaufen zu sollen, deren Lebenszyklen klar erkennbar – im Vergleich zu den Jahrzehnten zuvor – immer kürzer geworden sind? Warum wohl ist es so, dass diverse elektrische Geräte, wie z. B. Fernseher, Computer, Waschmaschinen usw. in immer kürzeren Zeitabständen durch jeweils neue Geräte ersetzt werden? Schon längst ist es ein offenes Geheimnis, dass ganz bewusst manipulativ – um nicht zu sagen in krimineller Art und Weise – Sollbruchstellen in Geräte eingebaut werden, mit dem perfiden Ziel, dass solche Geräte nicht selten ausgerechnet kurz nach Ablauf einer Garantiezeit den „Geist" aufgeben?

Dass das nun wahrlich alles andere als eine „wilde Verschwörungstheorie" ist, lässt sich schon längst in einschlägigen Quellen zweifelsfrei nachweisen.

Warum gibt es überhaupt solche perfiden Methoden? Nun, die Begründung ist ebenso naheliegend wie nicht zu leugnen. Es liegt schlichtweg im Kern daran, dass ein kapitalistisch begründetes Wirtschaftssystem eben nur dann – allerdings über eine vorhersehbar kurze Zeit – funktionieren kann, wenn Menschen – koste es, was es wolle – dazu animiert werden, immer mehr und immer schneller Dinge zu kaufen, die sie bei näherer Betrachtung oftmals nicht wirklich brauchen.

Ein klassisches Reparieren defekter Geräte, wie es über Jahrzehnte hinweg üblich war, findet man in dieser konsumgeilen Welt immer weniger. Abgesehen davon, dass sich viele Menschen durch einen ausufernden Konsum nicht nur finanziell des Öfteren übernehmen, wird hier ein im Kern geisteskrankes Denken implementiert, das die Menschen mehr und mehr von dem entfremdet, was tatsächlich wichtig ist.

Allein schon ein achtsamer Blick in die nicht selten menschenverachtenden Produktionsbedingungen von Fabriken, wie man sie z. B. auch in Asien findet, in denen Menschen in ärmlichsten Verhältnissen, unter zumeist katastrophalen Arbeitsbedingungen sowie schändlichen Löhnen Produkte herstellen, die dann zu nicht selten sündhaften Preisen hier in westlichen Ländern verkauft werden, an Menschen, denen es mehrheitlich offenkundig völlig gleichgültig ist, unter welchen nicht selten verachtenswerten Bedingungen diese hergestellt worden sind, müsste jedem Menschen, der nicht gänzlich emotional verarmt ist, die Schamesröte ins Gesicht treiben.

Wenn es etwas gibt, bei dem es sich vor allem perspektivisch lohnt, möglichst viel davon zu „konsumieren", dann sollte es z. B. dein Bemühen sein, dein wahres Ich erkennen zu wollen.

Bist du nun irritiert? Nun, damit befändest du dich in „guter" Gesellschaft. Warum? Nun, sieh' dich einmal aufmerksam um, und du wirst mehrheitlich die Erfahrung machen, dass es nur vergleichsweise wenige Menschen gibt, die sich genau solche letztlich zentralen Fragen des Lebens stellen.

Vielmehr ist zu beobachten, dass der weitaus überwiegende Teil der Menschen – zumeist ohne kritische Selbstreflexion – dazu neigt, sich freiwillig in einem System versklaven zu lassen, das ganz sicher primär nicht das Wohl der Menschen im Schilde führt, sondern, dem es vor allem und klar erkennbar darauf ankommt, einen Zustand noch über eine gewisse

Zeit „am Leben erhalten zu wollen, von dem längst klar ist, dass allenfalls noch vielleicht fünf bis zehn Prozent der Bevölkerung angemessen an so manchen Wohltaten teilhaben können.

Bedenke: Moderne Sklaverei zeigt sich nicht mehr dadurch, dass Menschen in Ketten gelegt werden, sondern vielmehr darin, dass immer mehr Menschen schon längst in einen perfiden, schleichenden Prozess eingebunden werden, bei dem ihnen suggeriert wird, es sei völlig normal, dass sich Menschen auch und gerade in vermeintlichen „seriösen Arbeitsverhältnissen" in dem Sinn ausbeuten lassen, zu akzeptieren, dass eigene Handlungsspielräume erkennbar immer weiter eingeengt werden.

Denk' bitte einmal darüber nach, welche ursächlichen Gründe es wohl dafür gibt, dass nachweislich immer mehr Menschen unter schweren und schwersten psychischen Störungen leiden, die in zunehmender Anzahl entscheidend dadurch verursacht werden, dass Menschen systematisch und mit nicht selten übelsten Methoden am Arbeitsplatz in einer Art und Weise missbraucht werden, die früher oder später auch bis dahin seelisch robustere Naturen irgendwann in die Knie zwingen?

Das alles geschieht nicht „einfach nur so", sondern das sind – wie sich auch klar nachweisen lässt – die ebenso logischen, wie vorhersehbaren Konsequenzen eines Denkens, das entscheidend durch Gier und einem selbstzerstörenden Wahnsinn nach immer mehr und mehr ausgelöst wird.

Besonders unsinnig ist es zu argumentieren, dass *„das doch schon immer so gewesen sei, und dass man daran nichts ändern könne...".* Unsinn! Kein Gesetz dieser Welt schreibt vor, einem System dienen zu müssen, dessen gar nicht zu übersehendes Ziel im Kern darin besteht, die in ihm agierenden Menschen schleichend aber systematisch an den eigenen Abgrund zu führen. Jeder Mensch, so auch du, kann und sollte – schon aus Eigeninteresse – sehr wohl Entscheidendes dazu beitragen, Menschen davon zu überzeugen, dass eben sehr wohl eine Welt möglich ist, in der nicht nur eine immer kleiner werdende Minderheit selbsternannter Eliten, deren

Ansprüche sich zumeist eben nicht primär aus nachweislich erbrachter Eigenleistung, sondern vielmehr aus unverdienten Vermögenswerten speisen, die schon längst jedes akzeptable Maß um Größenordnungen überschritten haben, Monopoly mit der ganzen Welt spielt.

Wach' auf, und erkenne, dass auch du und dein Handeln schon längst in vielfacher Art und Weise missbraucht werden, und befreie dich aus diesem Irrsinn, indem du im Rahmen deiner Möglichkeiten nicht blind solchen Vorgaben folgst, die auch dich schleichend aber unaufhaltsam in einen Zustand treiben, den du bei genauer Betrachtung ganz bestimmt nicht möchtest.

Konsumiere und verschenke lieber alles das, was dazu beiträgt, diese in so weiten Teilen kranke Welt zu heilen:

Liebe, Vertrauen, Treue. Damit hilfst du auch dir selbst.

Kapitel 15. Vor'm Abgrund

Vor'm Abgrund

Die Wahrheit biegt man kreisum krum,
blind treiben sie und furchtbar stumm,
sie werden hin und her gerissen,
gespalten, aufgehetzt, verschlissen.

Leute, seht ihr's wirklich nicht,
wie abgrundtief die Erde bricht?
So viele sind bereits gefallen,
dieses Schicksal droht Euch allen!

Globalverbrechen bricht den Grund,
sie nehmen jedem Haus und Hund,
wir dürfen hier nicht weiter geh'n,
der nächste Schritt fällt unser Steh'n.

Doch die Lemminge, sie sieht man laufen,
sich ungeniert in Saufrausch kaufen,
Wohin soll solche Dummheit führen?
Werden wir die Welt verlieren?

Haltet an Ihr klugen Köpfe,
schlagt jetzt mit der Faust auf Töpfe,
dass die tauben Ohren sehen,
wie die Töpfe trommeln gehen!

Trau der Chance, aufzumüpfen,
mutig durch den Schlamm zu schlüpfen,
glaub an Dich, glaub an Dein Du,
lauf nicht auf den Abhang zu!

Raimundo Germandi, 26.05.2014

Wenn du dich aufmerksam umschaust, achtsam und mit wachem Verstand in deinem Lebensumfeld agierst, wirst du gar nicht mehr übersehen können, dass Unwissenheit, penetrante Ignoranz längst klar erkennbaren Fakten gegenüber sowie eine nicht selten zum Himmel schreiende Naivität vieler Menschen einen höchst bedenklichen Trend befeuern, der schlussendlich immer mehr Menschen in den Abgrund reißen wird.

Ein vergleichsweise aktuelles Beispiel aus dem Frühjahr 2018 zeigt – einmal mehr –, dass schon längst eine kollektive Volksverdummung stattfindet.

Warum? Nun, wäre es in der Konsequenz für sehr viele Menschen nicht so dramatisch, könnte man sich nur noch voller Abscheu von dem abwenden, was uns viele der sog. „Volksvertreter" als „ach so großen Wurf" unterzujubeln versuchen, als sie allen Ernstes davon sprachen, man habe *„gute Ergebnisse im Rahmen schier endlos langer GROKO-Verhandlungen erzielt...".*

Wie sträflich naiv müssen Menschen sein, solch einen offenkundigen Unsinn ernsthaft glauben zu wollen?!

Schaut man sich schlichtweg einmal nur die nüchternen Fakten an, bleibt festzuhalten, dass allenfalls marginale Korrekturen – wenn überhaupt – angestrebt werden.

Wirklich relevante Fragen, von denen immer mehr Menschen empfindlich betroffen sind bzw. betroffen sein werden, wurden einmal mehr schon im Ansatz ausgeblendet.

Es ist offensichtlich, dass sogenannten „führenden Köpfen" in den sogenannten „Volksparteien" klar der Wille und die Durchsetzungskraft fehlen, genau solche höchst grundsätzlichen Probleme anzupacken, die maßgeblich und nachweislich überhaupt erst dazu geführt haben, dass die Gesamtlage in immer weiteren Fällen als höchst bedenklich bezeichnet werden muss.

Anstatt also endlich einmal an „die Wurzel des Übels" heranzugehen, bedeutet der neue GROKO-Vertrag vor allem ein „weiter-so-wie-bisher", unter gleichzeitiger Sicherung eigener Kabinettpöstchens.

Dass im Rahmen dieser albernen, durchsichtigen und volksverdummenden GROKO-Verhandlungen auch mehrfacher Wortbruch zu konstatieren ist, scheint vor allem diejenigen am wenigsten zu stören, die sich nun – koste es, was es wolle – einen sicheren Platz in der „neuen" Regierung erschlichen haben.

Eine Gesellschaft, die – bedenklicherweise – offenkundig in weiten Teilen sträflich unwissend, ignorant und naiv agiert, darf und sollte sich nicht darüber wundern, dass dann geradezu zwangsläufig Parteien an den „Rändern" verstärkt Zulauf bekommen von nicht selten genau solchen Leuten, mit denen sich wohl kaum ein verantwortungsbewusst agierender Mensch gemein machen möchte.

Kluge und erkennbar sachkundige PolitikerInnen – ja, die gibt es nämlich tatsächlich auch noch – die ebenso klar wie unbestreitbar auf gar nicht mehr zu übersehende Absurditäten hinweisen, werden zumeist entweder erst gar nicht gehört oder diskreditiert oder Schlimmeres...

Falls auch du dich womöglich schon dabei ertappt haben solltest, reflexhaft über genau solche Menschen zu urteilen, die die wahrhaft zentralen Fragen zum geradezu vorhersehbaren Zusammenbruch eines geisteskranken, kapitalistischen Wirtschaftssystems klar und deutlich thematisieren, ohne zugleich über erkennbare Sachkenntnisse zu verfügen, dann lass' dir sagen, dass das weder klug noch sinnvoll ist.

Bedenke: Wie möchtest du glaubhaft über lebenszentrale Fragen sprechen, wenn dir erkennbar die dazu nötigen Sachkenntnisse fehlen?

Sei klug, und widersetze dich einem ebenso dümmlichen, wie vor allem perspektivisch destruktiven Herdentrieb, der im Kern darauf fußt, blindlings dümmlichen und sachlich unhaltbaren Parolen zu folgen, ohne zuvor sich des eigenen Verstandes bedient zu haben.

Recherchiere selbst, und du wirst geradezu zwangsläufig entdecken, dass dich auch und vor allem viele der sog. „Qualitätsmedien" oftmals vor allem hinsichtlich wirklich relevanter Aspekte, die auch dich und dein Leben betreffen, alles andere als objektiv, umfassend und wahrhaftig informieren.

Dass es sich dabei keineswegs um „wilde Verschwörungstheorien" handelt, wirst du spätestens dann merken, wenn es dir nach einem sorgsamen und vorurteilsfreien Studium so mancher kluger Videos „wie Schuppen von den Augen fallen wird...", bisher offenbar im Blindflug durch dieses Leben gehetzt zu sein.

Einen ersten Eindruck, der leider nur die „Spitze eines immens großen Eisbergs" darstellt, findest du in der Videoliste zu diesem Buch, die du einfach und schnell wie folgt im Internet abrufen kannst:

www.aribertboehme.de/Videoliste_2018.pdf

Wie heißt es doch gleich:

„Möchtest du schändliches Treiben verbergen, dann sag' den Menschen einfach nur die Wahrheit; genau die wird dir ohnehin kaum jemand glauben."

Lass' dich bitte nicht blenden von wohlklingenden Worten vermeintlicher WohltäterInnen, sondern prüfe sorgsam, ob bzw. inwieweit das Gesagte mit dem Faktischen übereinstimmt. Du wirst überrascht sein, mit welch perfiden Mitteln Wahrheit immer wieder auf der Grundlage zumeist niederer Motive nach Lust und Laune verbogen wird.

Privatsache

Anlässlich der Verratsaffären,
die seit Jahren keinen stören,
sind die Zeilen hier entstanden,
auf dass sie auch in Köpfen landen.

Immer dreister wird verbreitet,
wie die Krake vorwärts schreitet.
Unser Land wird arg verraten,
privat verspiesen Datenbraten.

Sie regeln weltweit unter sich
ihr schleierhaftes Widerlich.
Lasst solche Leute bloß nicht währen,
sonst werden sie den Wahn vermehren!

Es ist unfassbar, was hier läuft,
wo man im Fußballsuff ersäuft.
Leute, wacht doch endlich auf,
die halbe Backe sitzt schon drauf.

Raimundo Germandi, 12.7.2014

Kennst Du auch die Erzählung vom Frosch?

Ein Frosch sitzt in einem Wasserglas. Langsam, aber stetig, wird die Temperatur des Wassers im Glas systematisch erhöht. Der Frosch bleibt gemütlich sitzen, da er vom Anstieg der Temperatur zunächst nichts mitbekommt. Beim Überschreiten eines kritischen Punktes beginnt das Wasser zu kochen. Nun ist es für den Frosch zu spät, denn er kann das Wasserglas nicht mehr verlassen, da er bei lebendigem Leib im heißen Wasser gekocht wird.

Sehr ähnlich stellt sich die Lage unserer Welt dar.

Unter ebenso undurchsichtigen wie sachlich zumeist unhaltbaren Scheinargumenten werden im Zusammenhang mit einer angeblichen „Gefahrenabwehr" systematisch immer mehr Freiheitsrechte eingeschränkt.

Beispielsweise sei an die geradezu absurde Scheindebatte einer langjährigen Bundeskanzlerin erinnert, die sich allen Ernstes „überrascht" darüber zeigte, dass auch die Bundesrepublik Deutschland in einer schamlosen Art und Weise seitens amerikanischer Geheimdienste ausspioniert wird.

Da fragt man sich als wachsamer Bürger schon, wie unfassbar naiv müssen wohl so manche PolitikerInnen – noch dazu an „führenden" Stellen – sein, „überrascht" darüber zu sein, dass allen voran die USA wie selbstverständlich für sich das Recht in Anspruch nehmen, Menschen anderer Länder – noch dazu aus sog. „verbündeten Ländern" - dreist auszuspionieren?

Was ist das für ein gestörtes Denken, wenn mutige Menschen wie beispielsweise der Whistleblower, Edward Snowden, der einen schier unfassbaren Skandal in Sachen „Missachtung des Datenschutzes" aufgedeckt hat, im eigenen Land als Hochverräter angeklagt werden soll?

Anstatt, wie beispielsweise auch seitens einer langjährigen Bundeskanzlerin praktizierten feigen und dümmlichen Strategie eines „nur-Weglächelns", wäre es dringend angezeigt, solche Menschen nach besten Kräften zu unterstützen. Schließlich handelt es sich bei solch' ungeheuerlichen Ausspähaktionen nicht um marginale, zu vernachlässigende Nebenschauplätze. Nein, hier geht es genau darum, dass finstere Mächte selbstherrlich für sich das Recht in Anspruch nehmen, die gesamte Menschheit beherrschen zu wollen.

Unter dem fadenscheinigen Pseudoargument angeblicher „Terrorbekämpfung" werden systematisch mehr und mehr Freiheitsrechte aller Menschen ausgehöhlt.

Mit Blick auf die Verhältnismäßigkeit sollte vor allem einmal die Frage gestellt werden, wer wohl im Kern tatsächlich die „wahren Terroristen" sind? Diejenigen, die hirnvernebelnden Ideologien „auf den Leim gehen", und sich als Werkzeuge zum Ausführen schrecklicher Taten missbrauchen lassen? Oder wohl eher diejenigen, die in Schlips und Anzug vorgeben, dem „Wohl der Menschheit" dienen zu wollen, obwohl für jeden wachsamen Zeitgenossen längst klar sein sollte, dass dem mitnichten so ist?

Wie sagte schon der wunderbare Liedermacher, Reinhard Mey, sinngemäß: *„Die falschen Ehrlichen sind die wahrlich Gefährlichen"*.

Längst ist wissenschaftlich bewiesen, dass sich Böses – ganz gleich, wie du es auch nennen magst – nicht mit immer mehr Gewalt ausmerzen lässt. Terror mit Terror bekämpfen zu wollen, ist schon im Ansatz ein hoffnungsloses Unterfangen.

Das Böse sitzt ursächlich eben nicht in so allerlei grausamen Waffen, sondern vielmehr in den Köpfen von Menschen, die Böses im Schilde führen. Waffen sind grundsätzlich nur ein „verlängerter Arm" böser Absichten, die bestimmte Menschen hegen, um somit eigene Ziele mit Gewalt durchsetzen zu wollen.

Lass' dich bitte nicht blenden von grausamen Bildern, die im Zusammenhang mit fürwahr menschlich grausamen Taten verblendeter Menschen inflationär medial verbreitet werden, ohne zugleich die entscheidende Frage zu stellen, die da lautet:

Was sind auslösende Ursachen dafür, dass es überhaupt in manchen Köpfen so dermaßen grausame, menschenverachtende, höchst destruktive Gedanken gibt, die dann zu schlimmen Konsequenzen führen, wie sie sich schon längst mehr und mehr schleichend in unseren Alltag eingeschlichen haben.

Lass' dich bitte nicht für dumm verkaufen, indem du finsteren Kräften „auf den Leim gehst", die dir allen Ernstes weismachen wollen, es sei unabdingbar, mehr und mehr Freiheitsrechte entscheidend deshalb aushebeln zu müssen, um somit das zu bekämpfen, was sie gemeinhin „Terrorismus" nennen.

Blödsinn!

Vielmehr wird immer deutlicher sichtbar, dass es im Kern vor allem darum geht, unter dem scheinheiligen Deckmantel vermeintlicher „Gefahrenabwehr" systematisch immer mehr Freiheitsrechte einzuschränken bzw. diese in Teilen sogar gänzlich abzuschaffen, mit dem perfiden Ziel, wachsende Teile der Menschheit bis in die letzten Winkel der Privatsphäre auszuspionieren und somit manipulieren zu können.

Zu den wohl dümmsten und in der Konsequenz gefährlichsten Sprüchen naiver Zeitgenossen gehört wohl folgende Aussage:

„Ich hab' ja nichts zu verbergen...".

Von wegen. Bedenke: Das „Gold unserer Zeit" ist nicht mehr Öl, sondern das sind vielmehr unsere Daten, mit denen einige Wenige gigantische, oftmals völlig intransparente Geschäfte machen, von denen ganz sicher nicht eine weitaus überwiegende Mehrheit der Menschheit profitiert, sondern vielmehr sie selbst. Machtmenschen, die zumeist in größenwahnsinniger Art und Weise am liebsten die gesamte Menschheit kontrollieren möchten.

Wie aus der Suchtforschung bekannt, dient zum Anfixen u. a. nicht zuletzt der offenbar bewusst betriebene, inflationäre Gebrauch von Smartphones. Es ist zutiefst erschreckend und bedenklich, zu beobachten, dass der weitaus überwiegende Teil heutiger SmartphonenutzerInnen erkennbar so sträflich naiv ist, gar nicht merken, dass sie durch einen zumeist völlig sorglosen Gebrauch ihrer Smartphones sogar freiwillig dazu beitragen, dass einige wenige Multikonzerne schon längst unfassbar riesige Datenmengen über jede(n) SmartphonenutzerIn zentral gespeichert haben.

Für jeden sachkundigen und wachen Geist müsste längst klar sein, dass es den weithin bekannten Firmen x,y,z erkennbar eben nicht darum geht, dem Wohl der Menschheit zu dienen, sondern vielmehr darum, den Menschen – ja, auch dir – immer nur noch mehr verkaufen zu können, um ein längst dem Untergang geweihtes kapitalistisches System noch über einen absehbar kurzen Zeitraum künstlich „am Leben halten zu wollen...", bevor der vorhersehbare Totalzusammenbruch geradezu zwangsläufig bevorsteht.

Hast du dir schon einmal ernsthaft die Frage gestellt, welche zentrale Motivation wohl existiert, die dazu führt, dass medial – z. B. auch im Fernsehen – inflationär geistige Ausschussware produziert wird, die sich beispielsweise in unzähligen, gefakten Trash-Sendungen manifestiert? Eine minderwertige Pseudo-Doku reiht sich an die nächste schwachsinnige Sendung, in der erkennbar geistig und sozial degenerierte, armselige Gestalten Schrott am laufenden Band produzieren für ein Publikum auf der anderen Seite der Bildschirme, das sich offenbar auch die letzten noch verbleibenden Hirnzellen durch den Konsum solcher Sendungen ausradiert.

Leute, wacht auf! Benutzt euren eigenen Verstand, und lasst euch nicht von vergleichsweise wenigen Multis beherrschen. Es ist nicht mehr 5 vor 12, sondern wohl eher schon 1 vor 12!

Kaptitel 17. Die Marionetten

Die Marionetten

Da labern Sprecher leere Worte
als Politiker benannt,
sie durchstoßen jede Pforte
nach Diktat aus finst'rer Hand.

Sie zersplittern sich in Teile,
die vom Zwielicht projiziert,
hauen zwischen Freunde Keile,
damit nur Zwietracht triumphiert.

Freunde, lasst Euch nicht verpiepen,
glaubt den Hälsen bloß kein Wort!
Lasst Euch nicht in Öfen schieben,
treibt die mit den Lügen fort!

Denen könnt Ihr nur vertrauen,
die auf Augenhöhe sind,
Personenkult lässt sich durchschauen,
dreht nicht mit dem Mainstreamwind!

Raimundo Germandi, 09.05.2014

Gehörst du womöglich auch zu den Menschen, die das ungute Gefühl beschleicht, dass die meisten der uns regierenden PolitikerInnen bei genauerer Betrachtung wohl eher als willfährige Marionetten, denn als frei und eigenständig agierende Personen die Geschicke unseres Landes, und somit auch dein Leben maßgeblich beeinflussen?

Oder hast du vielleicht bisher noch niemals intensiv darüber nachgedacht, dass es – von wenigen, lobenswerten Ausnahmen einmal abgesehen – den meisten PolitikerInnen vor allem darum geht, das „eigene Schäfchen ins Trockne zu bekommen", unter gleichzeitiger Befriedigung mehr oder weniger offensichtlicher Machtgelüste?

Ja, wie in allen anderen Gruppen auch, so wäre es ebenso unsachlich wie unfair, wollte man allen PolitikerInnen unehrenhafte Absichten unterstellen. Selbstverständlich gibt es auch unter PolitikerInnen solche, bei denen glaubhaft erkennbar ist, dass deren Sagen und Handeln im Einklang stehen.

Allerdings bildet dieses Spezies bedauerlicherweise erkennbar eher eine nur marginale Minderheit im Politikzirkus.

Immer wieder, so nun auch im Zusammenhang mit den sich quälend lang hinziehenden Verhandlungen zur Bildung einer neuen Regierung im Zeitraum Winter 2017 bis Frühjahr 2018, ist einmal mehr überdeutlich zu erkennen, wir wortbrüchig entscheidende Leute werden, sobald es darum geht, eigene Pöstchen absichern zu wollen.

So nach dem Motto: „Was kümmert mich mein dummes Geschwätz von gestern...?", wurde einmal mehr deutlich, dass es vielen PolitikerInnen eben keineswegs um oftmals gebetsmühlenartig beschworene „Inhalte" geht, sondern vielmehr darum, eigene Machtansprüche – koste es, was es wolle – nicht zuletzt auf Kosten eigener Parteimitglieder rücksichtslos durchzusetzen.

Wie kann man sich da noch ernsthaft darüber wundern, dass die Zahl derer, die oftmals vorschnell als „politikverdrossen" klassifiziert werden, weiter wächst?

Einmal mehr ein absurdes, scheinheiliges und vor allem mit Blick auf unübersehbar immer drängendere Probleme immer bedenklicheres Theater, das endlich konsequent und vor allem sehr grundsätzlich „in die Tonne getreten werden sollte."

Wie sollen Menschen noch berechtigtes Vertrauen PolitikerInnen gegenüber haben, wenn permanent durch konkret erlebtes Handeln klar zu erkennen ist, dass es im Kern eben doch zumeist nur darum geht, „das eigene Ding durchziehen zu wollen..."?

Anstatt sich endlich den wahrhaft schon längst gar nicht mehr zu übersehenden Kernfragen unbestreitbar lebensrelevanter Bedeutung zuzuwenden, werden marginale Korrekturen als „der ach so große Wurf" verklärt, in der offenbar – leider oftmals begründeten – Hoffnung, dass weite Teile des Wahlvolks offenbar sträflich unwissend und äußerst naiv sind, nicht zu merken, dass hier eine Volksverdummung im großen Stil stattfindet?

Einmal abgesehen davon, dass ein solches Agieren schändlich ist, ist es zugleich auch mit Blick auf eigene Ansprüche strategisch auffällig ignorant und dumm.

Warum?

Nun, wie kann man sich ernsthaft darüber wundern, dass vor allem genau solche Gruppierungen, die man ja immer wieder vorgibt „bekämpfen zu wollen", systematisch stärker geworden sind?

Um nicht missverstanden zu werden: Nein, auf gar keinen Fall soll hier einer vergleichsweise neuen Partei „das Wort geredet werden". Ganz im Gegenteil! Vielmehr sollte jedoch auch und vor allem den sich selbst als

Volksvertreter „aus der gesellschaftlichen Mitte" bezeichnenden „Führungskräften" endlich einmal klargeworden sein, dass es eben erkennbar auf die Dauer nicht ausreicht, gebetsmühlenartig zu beklagen, dass „abzulehnende Parteien" – was ja leicht nachweisbar ist – teils menschenverachtende und zudem absurde politische Positionen vertreten, sondern vielmehr wäre fundamental wichtig, dass genau solche PolitikerInnen, die – oftmals sehr zu recht - „mit dem Finger auf Schmuddelkinder der Politik zeigen", erst einmal „vor der eigenen Haustüre kehrten".

Wenn man sich als aufmerksamer Zeitgenosse z. B. auch dieses unwürdige und absurde Theater im Zusammenhang mit der Regierungsbildung 2017 / 2018 anschaut, müsste eigentlich jedem wachsamen Geist schnell klar werden, dass es beim vordergründigen „Bemühen um Inhalte" im Kern oftmals vielmehr darum geht, plumpe Machtinteressen durchsetzen zu wollen.

Zudem ist schon längst – und zwar weltweit – zu beobachten, dass die wahrhaft wichtigen Entscheidungen zumeist nicht mehr von PolitikerInnen getroffen werden, sondern vielmehr von nicht selten dekadent reichen Gruppen und sonstigen, finsteren Mächten, die „die Fäden im Hintergrund ziehen".

Für das breite Publikum wird der Schein erweckt, als könnten unsere PolitikerInnen fundamental wichtige Fragen frei und eigenverantwortlich entscheiden...?! Nun, falls du das allen Ernstes glaubst, dann recherchiere bitte einmal aufmerksam im Internet zu diesem Themenkreis. Dann wirst du schockiert darüber sein, erkennen zu müssen, dass auch unsere PolitikerInnen – von rühmlichen Ausnahmen abgesehen - als willfährige Marionetten missbraucht werden, die dem Volk – ja, auch dir – vorzugaukeln versuchen, sie könnten wahrhaft wichtige Dinge entscheiden, die letztlich auch dein Leben in der einen oder anderen Form manipulieren. Leute, bitte wacht endlich auf!

Kapitel 18. Das Klagen auf hohem Niveau

Das Klagen auf hohem Niveau

Man hört's mit vielem Klagen jammern
aus den höchsten Nobelkammern.
Ach, wie haben sie's so schlecht,
keinerlei ist ihnen recht.

Glücklicher dagegen sind
Straßenfrau und Straßenkind.

Raimundo Germandi, 28.6.2014

Hast du dich vielleicht auch schon dabei ertappt, dass du bei auftretenden Problemen unterschiedlichster Art schnell mit dem Finger auf andere Menschen zeigst?

Ist dir schon einmal aufgefallen, dass womöglich du selbst nichts bzw. kaum etwas aktiv dazu beiträgst, Missstände, die zu recht beklagt werden, konkret zu beseitigen?

Falls dies auch auf dich zutreffen sollte, befindest du dich in „guter" Gesellschaft. Warum? Nun, nicht zuletzt aus der psychologischen Forschung wissen wir, dass es ein weit verbreitetes Phänomen ist, dass viele Menschen die Verantwortung nur zu gern von sich weisen.

Da gibt es Leute, die – objektiv betrachtet – zu den wirtschaftlich reichsten zehn Prozent der Bevölkerung gehören, und die dennoch darüber klagen, dass ja *„ach alles so schrecklich teuer sei, dass sie ja so viele Rechnungen für ihren Steuerberater zu bezahlen hätten, dass sie 25.000 € für eine Balkonsanierung hätten ausgeben müssen, dass das Hausgeld für zwei Eigentumswohnungen in einem der teuersten Stadtteile einer Großstadt ja so schrecklich hoch sei usw."*, und die zugleich völlig unempathisch auf gar nicht zu übersehende Sorgen und Nöte anderer Menschen reagieren, indem sie erst gar nicht auf die Idee kommen, einmal etwas von ihrem riesigen Dukatenberg abzugeben, indem sie andere Menschen finanziell unterstützen?!

Da gibt es Leute, die sich problemlos sündhaft teure Wohnungen in einem luxuriösen Seniorenheim leisten könnten, von denen 95 % der Bevölkerung nur träumen dürfen, und die dennoch gebetsmühlenartig darüber klagen, dass ja „alles so schrecklich teuer sei...". Zugleich verhalten sie sich offensichtlichen und bekannten wirtschaftlichen Sorgen der sie teils sogar unmittelbar umgebenden Mitmenschen gegenüber höchst ignorant und unempathisch, indem sie – anstatt einmal konkret behilflich sein zu wollen – dann ausgerechnet auch solche Menschen schier endlos mit ihren Luxusproblemchen zutexten, denen es erkennbar wirtschaftlich um viele

Größenordnungen schlechter geht.

Wie soll man einen Menschen ernst nehmen, dem offenbar jegliches Feingefühl dafür zu fehlen scheint, abseits eigener Luxusproblemchen, offensichtliche Sorgen und Nöte ärmerer Mitmenschen überhaupt einmal wahrnehmen zu wollen, geschweige denn, aktiv etwas dagegen zu unternehmen?

Wie geistig arm sind Menschen, deren Denken primär und nicht selten ausschließlich nur um Fragen der Art kreisen, wie beispielsweise: *„Soll ich meinen nächsten Luxusurlaub in einem sündhaft teuren 5-Sterne-Hotel in Dubai verbringen oder lieber in einem 5-Sterne-Hotel auf den Seychellen? Soll ich eine Luxushandtasche lieber auf der Düsseldorfer Kö kaufen oder vielleicht doch lieber bei einem Luxusjuwelier in New York, zu dem ich dann am Wochenende einmal kurz hinfliegen könnte?"*

Bedenke, wir alle, so auch du, sind Bestandteil einer Gesellschaft, die an unterschiedlichsten Stellen bedenkliche Trends aufweist, die auch du vermutlich oftmals zu recht beklagst.

Um konstruktive Verbesserungen zu erreichen, ist es elementar wichtig, dass jeder, so auch du, seinen Teil aktiv dazu beiträgt.

Mache dir bewusst: Ein permanentes Klagen und Jammern über so allerlei bedenkliche Zustände trägt nicht zur Lösung bei. Vielmehr ist es wichtig, dass du selbst aktiv wirst. Du bist Bestandteil eines größeren Ganzen. Insofern trägt auch dein Handeln dazu bei, positive Veränderungen auf den Weg zu bringen.

Jetzt!

Kapitel 19. Impfzwinge der Lobbyisten

Impfzwinge der Lobbyisten

Irre Lobbyistenspötter,
verhalten sich wie halbe Götter.

Als Leute, die uns Gifte bringen,
woll'n sie uns zum Impfen zwingen,
wollen an den Rand uns driften
und mit Quecksilber vergiften,
die Zahl der Menschen reduzieren,
um zuletzt den Rest zu führen.

Wer auch nicht glauben will den Wahn,
schau sich dazu mal Videos an!

Raimundo Germandi, 7.7.2013

Gehörst du womöglich auch zu den Menschen, die ungeprüft teils kriminellen Machenschaften der Pharmalobby Glauben schenkt, indem du dich einem Impfdiktat unterwirfst bzw. unterworfen hast?

Erinnerst du dich vielleicht noch an die Hysterie, die im Zusammenhang mit der sog. „Schweinegrippe" im Jahr 2010 entfacht worden war, um Menschen massenhaft dazu zu bewegen, sich gegen die „ach so gefährliche Schweinegrippe" impfen zu lassen?

Schon damals war klar – zumindest für jeden Menschen, der sich abseits des Mainstreams sachkundig gemacht hatte – dass es im Kern vor allem darum ging, gigantische Impfmengen unters Volk zu bringen, damit eine in Teilen kriminelle Pharmalobby ihre finsteren und schändlichen Geschäfte abwickeln konnte.

Das glaubst Du nicht?

Dann recherchiere bitte einmal sorgsam im Internet, und du wirst mit einer Mischung aus Erstaunen und Entsetzen bestätigt finden, dass weite Teile der Bevölkerung einem gigantischen und zudem unverantwortlichen Schwindel aufgesessen waren.

Wach' auf, und bediene dich deines eigenen Verstandes. Lass' dich nicht immer wieder für dumm verkaufen von Leuten, denen es ganz sicher nicht um dein Wohl oder um das Wohl der Mehrheit unseres Volkes geht, sondern einzig darum, eigene Machtinteressen rücksichtslos mit teils extrem perfiden Methoden durchsetzen zu wollen.

Plappere bitte nicht gedankenlos nach, wenn vor allem finstere und machtgeile Kräfte Menschen vorschnell als „Verschwörungstheoretiker" zu diskreditieren versuchen, nur deshalb, weil diese offenbar – einmal wieder – unfassbare „Sauereien" aufgedeckt haben. Recherchiere bitte selbst abseits eines nicht selten (bewusst?!) vernebelnden Mainstreams, und du wirst überrascht sein, was du da alles zutage fördern wirst.

Kapitel 20. Zu unbequem

Zu unbequem

Hätte man so manches Wissen,
würde man wohl handeln müssen!
Drum halten's viele für gescheiter,
macht man ahnungslos so weiter.

Raimundo Germandi, 20.8.2014

Es gibt fraglos viele Sprachweisheiten, die den Kern dieses ebenso kurzen, wie wahren Gedichts beleuchten, der u. a. auch in folgendem, vermutlich auch dir bekannten Spruch zum Ausdruck gebracht wird:

„Was Du heute kannst besorgen, das verschiebe nicht auf morgen".

So trivial dieser Spruch zunächst auch erscheinen mag, so sehr spricht er eine tiefe Wahrheit an, die sich in unterschiedlichsten Lebenssituationen nachweisen lässt.

Ganz gleich, um welches zu lösende Problem es sich auch handeln mag, so klug und empfehlenswert ist es, rechtzeitig „die Zeichen der Zeit zu erkennen" sowie rechtzeitig die zu einer „Kurskorrektur nötigen Schritte einzuleiten".

Nicht zuletzt aus der Psychologie ist bekannt, dass viele Menschen dazu neigen, eine objektiv sich als negativ abzeichnende Entwicklung erst dann zu korrigieren versuchen, wenn es meist schon zu spät für eine Korrektur ist. Vielmehr verharren viele Menschen in einer für sie ungünstigen Lage, als sich klugerweise zu einem Zeitpunkt umzuorientieren, ab dem eine Kurskorrektur noch möglich ist.

Gib' dir selbst die Chance, und bemühe dich um Problemlösungen zu Zeitpunkten, bei denen du noch „die Regie führst"; warte nicht, bis dich die Umstände dazu zwingen, Wege zu beschreiten, die du so ganz sicher nicht wünschst.

Ja, es verlangt mitunter Mut, unbequeme Wahrheiten offen anzusprechen. Doch genau das ist elementar wichtig, um fundamentale Verbesserungen erreichen zu können.

Mag man es bei vergleichsweise trivialen Alltagssituationen noch verschmerzen, dass du dich oftmals deinem Schicksal „kampflos ergibst", so hört der „Spaß" spätestens dann auf, wenn du es versäumst, aktiv und konsequent im Rahmen deiner Möglichkeiten einzugreifen, wenn Entwicklungen im Gange sind, die erkennbar Ungutes und Böses im Schilde führen.

Bedenke: *„Wer das Unrecht nicht verhindert, wenn er könnte, der befiehlt es. (Marc Aurel)"*

Gehörst du vielleicht auch zu den Menschen, die sich über vielerlei Dinge aufregen, die aber zugleich nicht den Mut finden, aktiv und konsequent etwas zu unternehmen, um Unrecht zu unterbinden?

Dann lass' dir sagen, dass es weder sachdienlich, noch moralisch vertretbar ist, nicht aktiv gegen beobachtetes Unrecht vorzugehen.

Niemand kann von dir verlangen, dass du dich „um jeden Preis" fahrlässig in Gefahr begibst. Wohl aber solltest du selbstkritisch prüfen, ob bzw. welche Gelegenheiten es auch für dich gibt, bei denen du deinen aktiven Beitrag zur Minderung bestehenden Unrechts leisten könntest.

Sei aufmerksam, und beobachte, wo überall es in deinem Lebensumfeld auffällige Ungerechtigkeiten gibt, die du durch dein aktives Engagement verhindern könntest.

Möchtest du verantwortungsbewusst handeln, dann hilf' mit, Menschen in deinem Umfeld dafür zu sensibilisieren, aktiv und konsequent gegen beobachtetes Unrecht vorzugehen.

Beobachtest du Unrecht, und unterlässt du es – im Rahmen deiner Möglichkeiten – dieses zu unterbinden, machst du dich mitschuldig. Möchtest du das?

Merke: Es gibt nichts Gutes, außer du tust es.

Jetzt!

Kapitel 21. Wo warst Du

Wo warst Du

Im Zeitraum eines Erdenlebens
ist so mancher Ruf vergebens.

Da gibt es Kinder, die Dich brauchen,
Kranke, die durch's Leben schlauchen,
Verzweifelte, die Zuspruch suchen,
Verschuldete, die Minus buchen.
Unterdrückte durch Besess'ne,
Gefolterte wie längst Vergess'ne.
Alte Menschen und Verwirrte,
der Nachbar, bei dem es so klirrte.
Diese schöne neue Welt
braucht so viel mehr als nur Dein Geld!

Am Ende wird Dich einer fragen:
"Wo warst Du denn an all den Tagen?"

Raimundo Germandi, 11.6.2014

Hast du dir vielleicht auch schon einmal die Frage gestellt, welche auslösenden Ursachen es wohl dafür geben könnte, dass weite Teile dieser Welt unübersehbar immer mehr ins Elend gestürzt werden?

Vielleicht gibt dir folgendes Zitat von Leo Tolstoi einen entscheidenden Impuls: *„Geld ist eine neue Form der Sklaverei"*.

Ursprünglich als sinnvolles und leicht zu handhabendes Tauschmittel gedacht, hat sich Geld längst zu einem unheilvollen Krebsgeschwür unserer Welt entwickelt, das mehr und mehr Menschen mit einer geradezu teuflischen Systematik in den Abgrund reißt.

Geld ist längst zum Selbstzweck mutiert, und erfüllt in weiten Teilen nicht mehr den Zweck, für den es ursprünglich gedacht war.

Geld und Gier hängen offenbar ursächlich zusammen. Die Gier nach immer mehr Geld zeigt von Tag zu Tag deutlicher, dass sie zunächst einige wenige, dann immer mehr Menschen in einen unheilvollen Abwärtsstrudel zieht, der längst eine beängstigende Eigendynamik entwickelt hat.

Eine immer absurder werdende Bedeutung, die viele Menschen dem Geld beimessen, geht einher mit einem immer schneller schwindenden Gefühl von Menschlichkeit.

Sehr viele Menschen sind bereits zu geldgeilen und zunehmend skrupellosen Sklaven ihrer eigenen Gier degeneriert, deren primäres Interesse oftmals nur noch darin besteht, noch mehr Geld anzuhäufen, um dadurch überflüssige Dinge kaufen zu können, die ihre menschliche Leere zu kaschieren versuchen.

Kehrt um, und befreit euch aus dieser modernen Form der Sklaverei, die euch und die Welt in den Abgrund reißen wird!

Bedenke: Die Dinge, die schlussendlich wirklich wichtig sind in deinem

Leben, wie beispielsweise Gesundheit, Frieden sowie vor allem Liebe, kannst du mit keinem Geld dieser Welt kaufen.

Wie unbedeutend letztlich die Jagd nach immer mehr Geld ist, spüren die meisten Menschen wohl erst dann, wenn sie aufgrund „besonderer Ereignisse" auf den Kern ihres Selbst zurückgeworfen werden. Kein noch so fettes Bankkonto wird dir das schenken können, wonach auch du dich – vielleicht ohne es offen zugeben zu können – im Grunde deines Herzens so sehr sehnst: Vertrauen und Liebe.

Allenfalls wirst du erreichen können, falsche Freunde anzuziehen, denen es jedoch nahezu niemals um dich und deine Qualitäten als Mensch gehen wird, sondern – mehr oder weniger geschickt kaschiert – um dein Geld.

Ob du es mit einem Menschen zu tun hast, der die Bezeichnung Freundin oder Freund wahrhaft verdient, wirst du oftmals erst dann erkennen, wenn dir das Leben Situationen präsentiert, bei denen sich die „Spreu vom Weizen trennen wird...". Wahre Freundinnen und Freunde werden dir auch und gerade dann beistehen, wenn es bei dir – aus welchen Gründen auch immer – einmal nicht so gut läuft. Falsche Freundinnen und Freunde werden sich genau dann schnell von dir abwenden, wenn sie sich nicht mehr im Glanz deines Geldes sonnen können, und du womöglich einen Lebensstil pflegen musst, der sich dir aufgrund mangelnder finanzieller Möglichkeiten womöglich aufnötigt.

Wenn du achtsam durch dieses Leben gehst, wirst du nahezu täglich unterschiedlichste Gelegenheiten geboten bekommen, dich und die dir geschenkten Fähigkeiten nutzbringend einsetzen zu können. Dabei geht es in den wenigsten Fällen um die eher dumpfe Frage nach Geld, sondern vielmehr darum, achtsam zu schauen, wie und wo du ggf. aktiv und konsequent helfen könntest.

Bedenke: Ein bewusstes Verlassen deiner bisherigen Komfortzone eröffnet auch dir gänzlich neue Möglichkeiten, Gutes tun zu können. Jetzt!

Kapitel 22. Wir werden geführt

Wir werden geführt

Ereignisse prasseln auf uns hernieder,
Koinzidenzen kehr'n immer wieder.

So unwahrscheinlich sie für uns auch sind,
sie bestimmen die Richtung von weisendem Wind.

Staunend bemerken wir, was hier passiert,
wir werden und wurden schon immer geführt.

Raimundo Germandi, 1.7.2013

Die Zeit gehört fraglos zu den merkwürdigsten und rätselhaftesten Phänomenen unseres Universums.

Du kannst sie nicht sehen, nicht fühlen, nicht riechen, nicht schmecken, nicht hören. Und dennoch wirst du mit den höchst konkreten Konsequenzen ihrer (vermeintlichen!) Existenz konfrontiert. Insbesondere der biologische Alterungsprozess, dem auch du unterworfen bist, vermittelt zunächst den Eindruck einer voranschreitenden Zeit, in deren Verlauf sich alles und jedes – so auch du und dein Leben – in jedem weiteren Moment offenbar unaufhaltsam auf einen Zustand zubewegt, der im biologischen Tod enden wird.

Dass das biologische Leben – somit auch dein Leben – im „Meer der Zeit" nicht mehr ist, als ein winziges Aufblitzen in einem scheinbar endlosen Strom der Zeit, das ist ein Gedanke, der sowohl beängstigend, zugleich aber auch sehr tröstlich sein kann.

Entscheidend ist, dass du dich intensiv mit einem Gedanken beschäftigst, der zunächst über eine längere Zeit „nur" als ein vermeintlich abwegiger Gedanke wahrgenommen wurde, von dem jedoch Erkenntnisse im Umfeld neuerer Physik bestätigt haben, dass es alles andere als abwegig oder gar unsinnig ist, davon auszugehen, dass es Zeit – zumindest in dem Sinn, wie er wohl von den allermeisten Menschen mangels besseren Wissens in der Alltagssprache benutzt und verstanden wird – so faktisch gar nicht gibt.

Falls du nun irritiert sein solltest, befändest du dich in „guter Gesellschaft". Zugegeben, ein solcher Gedanke mag zunächst ungewöhnlich erscheinen. Doch, das ändert letztlich nichts daran, dass er nachweislich richtig ist.

Interessant ist vor allem auch, dass uralte Weisheitslehren, wie sie beispielsweise auch im Buddhismus gelehrt werden, zunehmend durch neuere Forschungsergebnisse im Umfeld der Physik als korrekt bestätigt worden sind. Im Buddhismus heißt es beispielsweise, dass du dich grundsätzlich darum bemühen solltest im Hier und Jetzt zu leben.

So banal eine solche Empfehlung zunächst auf den ersten Blick auch wirken mag, so unübersehbar ist, dass die meisten Menschen dieser im Kern so weisen Empfehlung zuwider leben.

Warum ist das so? Nun, betrachte bitte einmal selbstkritisch dein eigenes Denken und dein Leben. Dann wirst du – sofern du ehrlich zu dir selbst bist – feststellen, dass auch dein Denken und Handeln maßgeblich durch Fragen geprägt ist, die weniger die jeweils unmittelbare Gegenwart betreffen, als vielmehr die Zukunft oder die Vergangenheit, bzw. das, von dem du denkst, dass es sich dabei um Zukünftiges oder Vergangenes handeln könnte.

Die einzige Möglichkeit, die auch du hast, dein Leben zu gestalten, ist im Hier und Jetzt begründet. Das, was vergangen ist, wirst du durch nichts und niemanden auf dieser Welt zurück in deine Gegenwart holen können. Vorbei ist vorbei. Das, was in deiner Zukunft liegt, entzieht sich aus sehr grundsätzlicher Erwägung deinen Einflussmöglichkeiten. Zwar magst du zuweilen den Eindruck haben, dass du deine Zukunft planen könntest, doch ist das – wie sich ebenfalls leicht nachweisen lässt – ein zwar mitunter schöner, jedoch letztlich unsinniger Trugschluss.

Nicht ohne guten Grund heißt es: Der Mensch denkt. Gott lenkt.

Dieser für vermutlich viele Menschen zunächst ungewöhnliche Gedanke, dessen Wahrheitsgehalt jedoch unbestreitbar ist, ist nicht zuletzt entscheidend mit der Idee verknüpft, dass es „Zufall" in dem Sinn, wie ihn die meisten Menschen – fälschlicherweise – in der Alltagssprache verstehen, faktisch gar nicht gibt. Nichts geschieht ohne Grund. Nichts geschieht ohne auslösende Ursache.

Koinzidenzen, also Ereignisse, bei denen auch du zuweilen den Eindruck gewinnen könntest, sie geschähen „zufällig", indem bestimmte Situationen auffällig miteinander korrelieren, deuten darauf hin, dass es eine lenkende Kraft gibt, die auch dein Leben führt.

Ob du eine solche Kraft nun als kosmische Weisheit, intelligente Fügung, Allah, Gott oder wie auch immer benennst, ist letztlich sekundär.

Viel wichtiger ist, zu erkennen, dass es eine intelligente Kraft geben muss, die „alles das" überhaupt erst einmal „ins Leben gerufen hat", und die alles – im Kleinen, wie im Großen – lenkt.

So vordergründig trivial es wohl für viele Menschen vorschnell auch klingen mag – aber – hast du dir wirklich schon einmal ernsthaft darüber Gedanken gemacht, wer oder was diese gigantische „Maschinerie" (sprich: das Universum) mit allem Drum und Dran ursächlich „ins Leben gerufen hat...?!"

Nein? Nun, dann solltest du dir sehr wohl die Chance einräumen, verstehen zu wollen, in welch' gigantische „Maschinerie" - .ja, auch du und dein Leben – eingebunden sind. Oder siehst du dich lieber als eine unwissend und ignorant vor sich hin vegetierende Marionette, die erst gar nicht nach dem „Ursprung, Sinn und Ziel des Ganzen" fragt?!

Wenn du dein Leben achtsam betrachtest, wirst du – vor allem oftmals rückwirkend – zu der Erkenntnis gelangen, dass schlussendlich alles, d. h. jede zunächst noch so unbedeutend erscheinende Situation – sehr wohl eine richtungsweisende Bedeutung für dein Leben gehabt haben wird.

Du wirst feststellen, dass sich mitunter genau auch solche Ereignisse, die du zunächst als unangenehm oder sogar schlimm wahrgenommen hast, im weiteren Verlauf deines Lebens als sehr wohl hilfreich und gut herausgestellt haben werden. Mit einem gebührenden Abstand – sowohl zeitlich, als auch räumlich – bekommen viele Ereignisse deines Lebens eine womöglich gänzlich neue „Note".

Alles wird gut. Früher oder später. Wenn etwas noch nicht gut ist, dann ist es noch nicht das Ende.

Kaptitel 23. Wie geht's?

Wie geht's?

Danke gut und Dir?
Ich bin zufrieden. Und wie geht es Dir?
Ich will nicht klagen. Und wie geht es Dir?
Hab nichts zu sagen. Dann tschüss bis demnächst.
Wir werden uns sehen. Schön lieb Dich zu seh'n.

Leer waren die Worte,
leer schien's aus dem Herz.
Dort an der Pforte,
war's nicht mal ein Scherz.

Begegnungen heute
sind mager und dürr.
Statt Freunde nur Leute,
statt Inhalt nur wirr.

Raimundo Germandi, 21.6.2014

Ja, sog. Smalltalk hat erwiesenermaßen durchaus seine Berechtigung.

So kann er oftmals dazu beitragen, dass Menschen überhaupt erst einmal miteinander ins Gespräch kommen. Allerdings sollte eine solche Art der Kommunikation vorwiegend nur dann zur Anwendung kommen, wenn sich bis dahin einander unbekannte Menschen erstmalig begegnen, um somit eine ggf. vorhandene Scheu voreinander zu verlieren.

Sobald sich jedoch ein Smalltalk dergestalt ergibt, dass erst gar kein Interesse an einem ernsthaften Gespräch mehr besteht, indem nur noch sinnentleerte Floskeln ausgetauscht werden, dann wird eine kommunikative Ebene betreten, die weit von dem entfernt ist, was wahrhaft gute Gespräche auszeichnet; nämlich, das offene und ehrliche Bemühen um wechselseitiges Verstehen wollen bzw. um das bewusste Hinzulernen neuer und relevanter Aspekte.

Wie oftmals hohl und sinnentleert solche Floskeln sind, wie beispielsweise die immer wieder gestellte Frage: „Wie geht's dir?", zeigt sich vor allem dann, wenn du eine solche Frage dann tatsächlich glaubhaft und konkret zu beantworten versuchst. Sehr oft wirst du nämlich die ebenso frustrierende, wie traurige Erfahrung machen, dass es nur vergleichsweise wenige Menschen gibt, die auf eine so floskelhaft gestellte Alibi-Frage tatsächlich eine ernsthafte Antwort von dir erwarten.

Vielmehr wirst du leider des Öfteren erleben, dass die betreffenden FragestellerInnen recht schnell erkennen lassen, dass sie sich viel lieber selbst reden hören, als sich erkennbar darum zu bemühen, dir achtsam ihre Aufmerksamkeit schenken zu wollen.

Menschen, die immer wieder „ohne Punkt und Komma" auf andere Menschen einreden, sind offenbar zu einem echten Gespräch, das diesen Namen auch verdient, oftmals entweder nicht willens oder womöglich sogar unfähig. Meide solche Menschen, denn sie fungieren als Zeitdiebe, zerren an deinem Nervenkostüm und erzeugen zumeist nur Frust.

Sehr viel schwieriger, als permanent auf andere Menschen einzutexten, ist es, aufmerksam zuzuhören bzw. kluge Fragen zu stellen, die einem Gespräch auch inhaltliche Tiefe zu verleihen vermögen.

Insofern sind oftmals weniger die Menschen die wahrlich aktiven, die permanent auf andere Menschen nicht enden wollende Wortschwalle hernieder prasseln lassen, sondern vielmehr jene, die willens und dazu in der Lage sind, achtsam und geduldig zuhören zu können.

Meide Menschen, die immer wieder und vorwiegend nur egozentrische Kommunikationsbedürfnisse zu befriedigen versuchen, ohne zugleich erkennen zu lassen, auch dir und deinen Schilderungen den ihnen gebührenden Achtsamkeitsraum gewähren zu wollen.

Das musst und das solltest du dir mit Blick auf deine eigene Befindlichkeit nicht freiwillig antun.

Welchen Sinn sollte es haben, dass du dich wieder und wieder von Menschen als nützlichen „verbalen Abfalleimer" missbrauchen lässt, wenn offensichtlich ist, dass es Menschen mit pathologischem Wortdurchfall im Kern immer wieder nur darum geht, eigene Mitteilungsbedürfnisse achtlos befriedigen zu wollen...?!

Vielmehr solltest du das Gespräch mit Menschen suchen, bei denen klar erkennbar ist, dass sie an einem ehrlichen und wechselseitigen Informationsaustausch interessiert sind, bei dem beide Seiten zu ihrem berechtigten Kommunikationswunsch kommen können.

Außerdem ist es tendenziell zudem klüger, sich mit Menschen auszutauschen, von denen du etwas lernen kannst, als mit solchen, die dich immer wieder nur mit zumeist öden Belanglosigkeiten belagern.

Du hast die freie Wahl. Jetzt!

Kapitel 24. Wehret den Anfängen

Wehret den Anfängen

Wenn schon Motten wie besessen
an moderen Klamotten fressen
ist meist bereits etwas im Argen,
weil sich die Ursachen verbargen.

Worin die Gründe nun zu finden,
wenn die Stoffe schon verschwinden,
ist zumeist nicht zu ergründen,
weil die Betroffenen sich winden.

Verschämt dann Männer oder Frauen
sich gar nicht mehr nach draußen trauen,
und das macht die Sache schwer,
zu selten kommt dann Hilfe her.

Darum sollten wir begehren,
getarnten Anfängen zu wehren.

Raimundo Germandi, 6.7.2013

Viele der Entwicklungen, die wir auf dieser Welt beklagen, sind keineswegs über Nacht aus den Wolken gefallen.

Vielmehr ist es oftmals so, dass schlimme und schlimmste Erscheinungen nur deshalb zu beklagen sind, weil viele Menschen über viel zu lange Zeiträume auslösenden Ursachen gegenüber sträflich ignorant agiert haben.

Exemplarisch für unzählige andere Beispiele, die sich problemlos in unterschiedlichsten Lebensbereichen finden lassen, sei hier auf das Problem zunehmender Rücksichtslosigkeiten im Straßenverkehr aufmerksam gemacht.

Eine der sowohl größten, als auch gefährlichsten „Spielwiesen" für rücksichtslose Ignoranten und Regelhasser, bietet der tägliche Straßenverkehr.

Beginnend bei vergleichsweise harmlosen Regelverstößen bis hin zu lebensbedrohlichen Rücksichtslosigkeiten, bietet der tägliche Straßenverkehr eine ebenso umfangreiche wie höchst bedenkliche Palette menschlicher Ignoranz.

Da wird gedrängelt und genötigt, da werden in einem zunehmenden Maße Rotlichtsignale missachtet, da gehören Geschwindigkeitsüberschreitungen zum Alltag, da werden Behindertenparkplätze rücksichtslos zugeparkt, da wird beim Spurwechsel nicht mehr geblinkt, da wird während des Fahrens mit dem Smartphone telefoniert, da werden Regeln am laufenden Band gebrochen usw. Kurz: Auf deutschen Straßen herrschen in weiten Teilen unverschämte, nicht selten lebensbedrohliche Sitten.

Wenn man sich einmal vor Augen führt, dass es dann PolitikerInnen gibt, die sich künstlich darüber aufregen, dass die Bußgelder für rücksichtsloses und teils extrem gefährliches Verhalten im Straßenverkehr, erhöht werden sollen, dann zeigt sich überdeutlich, dass in unserem Land offenbar sehr fundamentale Relationen aus dem Gleichgewicht gekommen sind. Mit wachsender Sorge und Unverständnis ist zu beobachten, dass auch in diesem Bereich offenbar Chaoten und Regelhasser besser geschützt werden, als eine zum Glück – noch – große Mehrheit unserer Bevölkerung, die tagtäglich unter den Konsequenzen rücksichtslosen Verhaltens skrupelloser Verkehrsrowdys zu leiden hat.

Zu diesem Thema ein Leserbrief:

Die Forderung von Herrn xyz (CDU), den Bußgeldkatalog im Kampf gegen Verkehrsrowdys zu überarbeiten, zeigt einmal mehr, wie penetrant ignorant offenbar weite Teile unserer Gesellschaft gegenüber unübersehbar destruktiven Tendenzen geworden sind. Verkehrsrowdys, die im täglichen Straßenverkehr in unterschiedlichsten Situationen höchst unangenehm auffallen, müssen im Interesse all' der VerkehrsteilnehmerInnen, die sich an aufgestellte Regeln halten, erheblich härter und konsequenter bestraft werden. Gemessen an der Tatsache, dass jährlich auf deutschen Straßen eine komplette Kleinstadt schlichtweg ausgelöscht wird – nahezu immer bedingt durch zunehmende Rücksichtslosigkeit – sind selbst die nun verabschiedeten Bußgelderhöhungen signifikant zu niedrig. Es ist unübersehbar, dass hier entscheidende Relationen zwischen steigender Rücksichtslosigkeit und daraus resultierenden Bußgeldern, in eine geradezu unverantwortliche Schieflage geraten sind. Von daher ist unser Verkehrsminister sicher klug beraten, sich nicht von den geradezu aberwitzigen Forderungen nach einer „Entschärfung" des nun verabschiedeten Bußgeldkatalogs, einschüchtern zu lassen.
Was sind das für PolitikerInnen, die einen Eid darauf geschworen haben „Schaden vom deutschen Volk abzuhalten", und auch in diesem Fall erkennbar feige vor Regelhassern und Lobbyisten zurückweichen, aus Angst, unbequeme Maßnahmen könnten womöglich wichtige Wählerstimmen kosten? Wie ignorant müssen Menschen sein, nicht zur Kenntnis nehmen zu wollen, dass es schlichtweg pervers und höchst unverantwortlich ist – wider besseren Wissens – zuzulassen, dass in jedem Jahr eine schier unglaubliche Zahl von mehreren Tausend Verkehrstoten zu beklagen ist. Und das alles zum überwiegenden Teil nur deswegen, weil

„entscheidende" Stellen sich davor drücken, Regelhasser und rücksichtslose Ignoranten zeitnah und konsequent zu sanktionieren; absurd!

Es ist unübersehbar, dass die Verhältnismäßigkeit der Mittel schon längst aus dem Gleichgewicht geraten ist. Warum? Nun, Verkehrsrowdys, die – nicht selten zum wiederholten Mal – z. B. mit schier wahnwitzigen Geschwindigkeiten durch Tempo-30-Zonen rasen, begehen eben keinesfalls Kavaliersdelikte, die sich mit unverantwortlich wirkungslosen Bußgeldern „therapieren" lassen, sondern dabei handelt es sich i. d. R. um rücksichtslose Chaoten, die bewusst in Kauf nehmen, andere Menschen in nicht selten lebensbedrohlicher Art und Weise zu gefährden.

Beispiele solcher Art ließen sich erschreckend viele aufzählen. Aus der Fülle der Möglichkeiten sei hier exemplarisch noch das Drängeln und Nötigen auf Autobahnen genannt. VerkehrsteilnehmerInnen, die z. B. bei einer Geschwindigkeit von 150 Stundenkilometern bis auf wenige Meter den ihnen voraus fahrenden PKW auffahren, verhalten sich nicht nur restlos unverantwortlich da sie andere Verkehrsteilnehmer in einer unbestreitbaren Art und Weise bedrohen, sondern sie zeigen dadurch überdeutlich, dass ihnen offenbar die geistige Reife zum Führen eines Kraftfahrzeugs fehlt. Verkehrsrüpel dieser Art, die sich leider täglich ausmachen lassen, gehören nicht hinter das Lenkrad eines PKWs, sondern vielmehr in eine professionelle, psychologische Behandlung.

Regelhasser, die sich permanent über bestehende Verkehrsregeln hinwegsetzen, lassen sich wohl kaum durch wohlmeinende Aufklärungsgespräche beeindrucken, wie sie im Rahmen von Videoaufnahmen angeboten werden. Schaut man sich beispielsweise ein typisches Gespräch zwischen einem Regelhasser und einem Autobahnpolizisten an, der – das sei positiv unterstellt – wohlmeinend durch ein aufklärendes Gespräch sowie durch Videoaufnahmen dazu beitragen möchte, grobes Fehlverhalten zu korrigieren, fällt auf, dass auch hier – wen wundert's – typische Reaktionsketten auf Seiten des Regelhassers in Gang gesetzt werden, die wie folgt ausschauen:

Phase 1: Leugnen des klar erkennbaren Tatbestands

Phase 2: Mehr oder weniger geschicktes Erfinden von Ausreden für das eigene Fehlverhalten

Phase 3: Ab dem Zeitpunkt der Erkenntnis, dass die vorgeführten Videoaufnahmen unwiderlegbar sind, oftmals heuchlerisches „Verständnis zeigen"

Phase 4: In der überwiegenden Zahl der Fälle, weitermachen, wie bisher.

Ein geradezu typisches Beispiel dafür, dass der angestrebte Lerneffekt hinsichtlich einer selbstkritischen Reflexion oftmals „ins Leere läuft", zeigt sich z. B. darin, wenn man einmal beobachtet, wie sich viele VerkehrsteilnehmerInnen im Umfeld von fest installierten „Starenkästen" verhalten. Eine typische, immer wieder zu konstatierende Verhaltensweise sieht wie folgt aus:

Phase 1: FahrerIn xyz fährt auf einer ihm / ihr bekannten Straße.

Phase 2: FahrerIn xyz weiß, dass an einer bestimmten Stelle eine festinstallierte Kamera zur Geschwindigkeitsmessung existiert.

Phase 3: Unmittelbar vor der Kamera wird auf die an dieser Stelle erlaubte Geschwindigkeit abgebremst.

Phase 4: Kaum ist die „kritische" Stelle passiert, setzt FahrerIn xyz die Fahrt mit deutlich überhöhter Geschwindigkeit fort.

Welchen Sinn und Zweck erfüllt eine solche erkennbar wirkungslose Maßnahme demnach? Keine. Allenfalls ortsfremde FahrerInnen können damit erwischt werden. Zu beurteilen, wie hoch wohl der Prozentsatz der Ortskundigen im Verhältnis zu den Ortsunkundigen ist, sei hier den Leserinnen und Lesern (mit einem Schmunzeln) überlassen.

In die Reihe wirkungsloser Alibi-Maßnahmen lässt sich auch folgende Beobachtung einreihen:

Viele Radiosender melden – höchst offiziell – dass zu bestimmten Zeiten, an bestimmten Stellen – Radarmessgeräte aufgestellt sind. Wie ignorant muss man sein, nicht zu merken, dass durch solche Maßnahmen die Regelhasser, die doch dingfest gemacht werden sollen, geradezu ermuntert werden, an denen wenigen, bekannten Stellen plötzlich vorsichtig zu fahren (jedoch nicht aus Einsicht, sondern aus der ebenso elementaren wie durchsichtigen Angst, ein Verwarnungs- oder Bußgeld entrichten zu müssen), um dann an allen anderen Stellen „fröhlich" so weiter zu fahren, wie bisher?! Durch solche vordergründig vielleicht gut gemeinten „Warnungen" wird ein höchst kontraproduktiver Effekt erreicht, da somit das Fundament zu einer effektiven und auch dringend nötigen Kontrolle bewusst und unverantwortlich untergraben wird. Was soll das? Wer wird hier eigentlich geschützt? Die Menschen, die sich sicher im Straßenverkehr bewegen möchten, oder wohl eher solche Regelhasser, die offenbar glauben sie könnten öffentlichen Straßen nach eigenen Regeln nutzen? Es wird höchste Zeit, dass solche „Warnungen", wie sie häufig in bestimmten Radiosendern vorkommen, gesetzlich unterbunden werden.

Aus der Fülle des täglichen „Wahnsinns auf deutschen Straßen" sei hier ein typischer Schriftwechsel wiedergegeben, der einmal mehr überdeutlich zeigt, dass „entscheidende" Stellen offenbar gar nicht an einer konstruktiven Lösung unübersehbarer Probleme interessiert zu sein scheinen.

Sehr geehrte Damen, sehr geehrte Herren,

bereits vor längerer Zeit hatte ich die Polizei darum gebeten, verstärkt Geschwindigkeitskontrollen in unserer Wohngegend (xyz, abc-Weg usw.) durchzuführen, da hier regelmäßig mit stark überhöhten Geschwindigkeiten gefahren wird.

Insbesondere an den Wochenenden ist leider immer wieder zu beobachten, dass hier - häufig auch von schweren Motorrädern - schier wahnsinnige Geschwindigkeiten gefahren werden, die zuweilen derart schnell sind, dass man nicht einmal mehr die Nummernschilder notieren kann.

Ich sprecke hier nicht von "geringfügigen Geschwindigkeits-

überschreitungen", sondern vielmehr von Größenordnungen, die sehr weit jenseits eines noch akzeptablen Bereichs liegen (80 - 100 km/h) sind keine Seltenheit.

Häufig ist sogar zu beobachten, dass mit diesen irrwitzigen Geschwindigkeiten rücksichtslos in die jeweilige Gegenfahrbahn gefahren wird, und dass es Leute gibt, die z. B. Teile des zzz-Weg oder auch auf dem Stück abc-Weg offenbar als eine "private Rennstrecke" missbrauchen.

Nicht zuletzt mit Blick darauf, dass hier auch viele Kinder und ältere Menschen wohnen, ist es ganz sicher kein Kavaliersdelikt, wenn hier immer wieder derartige Rücksichtslosigkeiten zu beobachten sind.

Besonders extrem sind die Verhältnisse an den Wochenenden; oftmals auch in den späteren Abendstunden, bei denen schon das extreme Motorenheulen nur den Schluss zulässt, dass "mal wieder" Wahnsinnige unterwegs zu sein scheinen, denen jegliches Verantwortungsbewusstsein zu fehlen scheint.

Ich bitte eindringlich darum, dass hier verstärkt Kontrollen durchgeführt werden, und dass derartige Chaoten entschieden und mit allen Rechtsmitteln hart bestraft werden.

Soweit ich es beobachtet habe, wurden zwar vereinzelt Polizeikontrollen durchgeführt, aber - gemessen an der Regelmäßigkeit und an der Extreme der Verkehrsverstöße - sind solche Kontrollen leider deutlich zu selten.

Um Ihnen die Arbeit zu erleichtern, nenne ich Ihnen gern die beobachteten "Chaos-Schwerpunkte":

01. xyz-Weg (vor allem zwischen der Kreuzung abc- Weg - Tankstelle) und dem Kreisverkehr bei xxx
02. abc-Weg (vor allem zwischen der Kreuzung xyz- Weg und Kreuzung an der yyy-Straße)

03. Besonders perfide sind die teils extremen "Privatrennen" direkt in der 30-er Zone (xyz-Weg - ab Tankstelle, weiter in Richtung Siedlung www-Str.)

Schon häufig "durfte" ich als aktiver Verkehrsteilnehmer beobachten, dass dort auch die "Rechts-Vor-Links-Regel" häufig nicht beachtet wird - wie sollte das auch möglich sein, wenn manche Leute dort mit 60 km/h (und mehr) durch enge Straßen rasen, auf denen nicht selten auch Kinder massiv gefährdet werden?!

Bitte führen Sie verstärkt Verkehrskontrollen durch, denn "lustig" sind die regelmäßig zu beobachtenden Rücksichtslosigkeiten ganz sicher nicht.

Ebenfalls beobachte ich immer wieder, dass Verkehrsteilnehmer sogar bei längst sichtbaren Rotlicht sogar in den gefährlichen Kreuzungsbereich (xyz-Weg / abc-Weg) rasen - der schiere Wahnsinn!

Haben Sie vielen Dank für Ihr freundliches Feedback sowie für Ihre Unterstützung.

Mit freundlichen Grüßen

Wenige Tage später folgt dann folgendes Antwortschreiben:

Hallo Herr xyz,

ich habe Ihre Mail zum Anlass genommen, die von Ihnen erwähnten Straßen überprüfen zu lassen.

Auf dem abc-Weg können keine kommunalen Geschwindigkeitsmessungen durchgeführt werden, da hier keine Aufstellmöglichkeiten für den Radarwagen vorhanden sind. Anders sieht dies auf dem xyz-Weg aus. Hier werden wir nach den Sommerferien mit Messungen im Rahmen der Schulwegsicherung beginnen.
Mit freundlichen Grüßen

Dazu folgende Anmerkungen:

01. Die Aussage, dass auf dem abc-Weg keine Geschwindigkeitsmessungen durchgeführt werden könnten, da es dort keine Aufstellmöglichkeiten gebe, ist – vorsichtig formuliert – sachlich falsch. Zur Begründung: Bei dem hier beschriebenen abc-Weg handelt es sich um eine schnurgerade Straße, die über eine Strecke von mindestens 800 Metern eine Fülle von Aufstellmöglichkeiten bietet. Da anzunehmen ist – noch dazu nach einer angeblich vorgenommenen Überprüfung – dass dies auch den Verantwortlichen klar sein dürfte, drängt sich die berechtigte Frage auf: Warum werden hier leicht zu entlarvende Falschaussagen kommuniziert? Was soll das? Hier, wie auch in unzähligen anderen Fällen vergleichbarer „Qualität" wird deutlich, dass offenbar gar kein Interesse daran besteht, korrigierend tätig zu werden. Wie anders sollte eine solche Ignoranz anders schlüssig zu erklären sein?!

02. Gemessen an der objektiven Gefahr, die von den oben beschriebenen Verkehrsrowdys ausgeht, ist die hier kommunizierte „Antwort" seitens der verantwortlichen Stelle eine glatte Unverschämtheit, da sie in keiner Weise auch nur ansatzweise auf die konkret genannten Punkte eingeht. Hier drängt sich massiv der Eindruck auf, dass sich der zuständige Mitarbeiter offenbar „belästigt" gefühlt haben könnte, da doch tatsächlich ein engagierter und aufmerksamer Mensch Korrekturen an unübersehbaren Missständen zur Sprache gebracht hat, die „entscheidende" Stellen offenbar lieber ignorieren möchten?!

Eine besonders rücksichtslose Variante im Zusammenhang mit Regelhassern zeigt sich im Umfeld von Schulen.

AutofahrerInnen, die z. B. mit stark überhöhter Geschwindigkeit durch 30-er-Zonen rasen – zuweilen sogar vor Schulen, begehen keineswegs – wie die geradezu lächerlichen, um nicht zu sagen unverantwortlich niedrigen Bußgelder (Fahrverbote) suggerieren könnten – ein Kavaliersdelikt. Nein, dabei handelt es sich um extrem rücksichtslose und verantwortungslose

Erwachsene, die durch ein derartiges grobes Fehlverhalten unübersehbar dokumentieren, dass sie offenbar nicht über die nötige geistige Reife verfügen, ein tonnenschweres Gefährt, das als potenzielle Waffe fungiert, durch den Straßenverkehr zu bewegen. Erwachsenen, die durch solche unverantwortlichen Rücksichtslosigkeiten auffallen, sollte die Fahrerlaubnis grundsätzlich entzogen werden, und zwar so lange, bis zweifelsfrei geklärt ist, dass eine glaubhafte Verhaltensänderung stattgefunden hat. Die aktuellen Bußgelder und / oder Fahrverbote sind – gemessen an dem Gefahrenpotenzial – nicht nur absolut lächerlich, nein, sie sind extrem unwirksam. AutofahrerInnen, denen offenbar gar nicht klar zu sein scheint, dass sie durch ihr rücksichtsloses Verhalten andere Menschen massiv gefährden, AutofahrerInnen, die solche Bußgelder oftmals nur mit einem „milden, verachtenswerten Lächeln" zur Kenntnis nehmen, benehmen sich keineswegs cool, sondern zeigen dadurch lediglich, dass sie erkennbar nicht über die geistige und sittliche Reife zum Führen eines Kraftfahrzeugs verfügen.

Rücksichtlosigkeiten dieser und ähnlicher Art kann jeder Mensch nahezu täglich erleben, der in unterschiedlichen Funktionen am Straßenverkehr teilnimmt.

Dies allein wäre schon schlimm genug. Doch damit nicht genug. Statt nun entschieden gegen derartige Verkehrsrowdys vorzugehen, verstecken sich nicht zuletzt sogar „führende" PolitikerInnen unseres Landes, wenn es darum geht, derart offensichtliche und extrem gefährliche Situationen mit aller Entschiedenheit zu entschärfen.

Da gibt es beispielsweise Politiker, die heute in führenden politischen Ämtern tätig sind, die klare und sehr wohl auch organisatorisch durchführbare Vorschläge zur Beseitigung solcher Extremgefährdungen mit ebenso lächerlichen wie unhaltbaren Alibiaussagen abzuschmettern versuchen. Getreu dem Motto: „Die Freiheit des einzelnen hört genau dort auf, wo die Freiheit eines anderen beginnt", wäre es sowohl organisatorisch wie auch technisch sehr wohl möglich, Verkehrsrowdys systematisch und in einer vergleichsweise überschaubaren Zeit aus dem Verkehr zu ziehen; allein der Wille zur praktischen Durchsetzung fehlt offenbar.

Stattdessen werden lieber Scheinargumente ins Feld geführt, bedingt dadurch, dass führende Politiker nicht selten entsprechende Lobbys fürchten. Hielten so manche unserer PolitikerInnen nicht nur schöne Sonntagsreden, bei denen oftmals pseudomäßige Anteilnahme am Schicksal solcher Menschen geheuchelt wird, die unter den Folgen schlimmen Verkehrsrowdytums zu leiden haben, sondern handelten sie sehr viel konsequenter bei der Vorgehensweise gegen erkennbar rücksichtslose Verkehrschaoten, ließe sich diese ebenso offensichtliche wie schlimme Situation in absehbarer Zeit signifikant entschärfen.

Da ist es einfacher und bequemer, Alibiaktivitäten durchzuführen, die sich z. B. darin zeigen, vergleichsweise harmlose Falschparker abzuzocken, die womöglich nicht genügend Münzen in eine Parkuhr eingeworfen haben. An die faktisch sehr gefährlichen Verkehrsrowdys, die täglich unsere Straßen unsicher machen, trauen sich viele unserer VerkehrspolitikerInnen nicht heran, da sie womöglich fürchten, sie zögen sich den Unmut von so manchem Möchtegern-Rennfahrer zu, indem sie ihm sein „geliebtes Spielzeug" wegnehmen.

Nochmals ganz deutlich: Ein geradezu plakatives, feiges Zurückweichen vor Regelhassern, ein permanentes Ignorieren offensichtlicher Missstände sowie der oftmals nicht vorhandene Wille zur konkreten Durchsetzung spürbarer Sanktionen löst keine Probleme, sondern schafft perspektivisch immer noch mehr und schwerwiegendere Situationen, die längst eine gefährliche und gesellschaftszersetzende Eigendynamik entwickelt haben. Bedenke: Eine Gesellschaft, in der immer mehr Menschen sich in die eigene – vermeintlich (noch) vorhandene „Komfortzone" - zurückziehen, eine Gesellschaft, die aus purer Bequemlichkeit die Augen auch vor unübersehbaren, schlimmen Trends verschließt, darf und sollte sich nicht wundern, wenn sie degenerative Prozesse geradezu heraufbeschwört. Wehret den Anfängen!

Kapitel 25. Wart ab!

Wart ab!

Hat dunkle Stimmung Dich erwischt
und scheint's als sei all Lust erlischt,

dann stell Dir frohe Tage vor,
die Du erlebt' mit Aug und Ohr.

Denk an die Zeit, als Sonne schien,
die Berge hoch, die Täler grün,

und Freunde, die mit Dir gelacht,
und Späße, die Du selbst gemacht.

Schon morgen kann das Schwarz vergehen,
dann wird die Erde wieder drehen.

Froh wird Dein Herz zu Neuem hüpfen,
wie aus dem Hut Ideen schlüpfen.

Das Leben wegt sich durch die Bahn,
wart ruhig ab, es hält sich dran.

Raimundo Germandi, 23.03.2016

Wohl jeder Mensch – so auch du – wird schon Tage bzw. Phasen erlebt haben, während derer er sich betrübt, niedergeschlagen oder schlichtweg „schlecht drauf" gefühlt hat.

Das gehört zum Leben dazu, und ist zunächst einmal alles andere als ungewöhnlich.

Gemäß dem universell gültigen Wellenprinzip, das im Kleinen wie im Großen das gesamte Leben bzw. das gesamte Universum durchzieht, besteht auch dein Leben aus einem mehr oder weniger intensiven Auf und Ab.

Momente bzw. Phasen, während derer du froh und gut gelaunt bist, wechseln sich ab mit Momenten, bei denen es dir weniger gut geht oder du dich sogar richtig mies fühlst.

In dem weithin bekannten Spruch: *„Auf Regen folgt Sonnenschein..."*, der in einer zwar banalen, jedoch im Kern sehr wohl richtigen Botschaft zu vermitteln versucht, dass jede Phase – sei sie nun gut oder schlecht – aus sprichwörtlich natürlichen Gründen vorbeigehen wird, steckt vor allem Hoffnung auf Besserung.

Schon klar: Momente, die du genießt, wirst du sicher nur zu gern zeitlich ausdehnen. Phasen, während derer es dir nicht gut geht, sollten am liebsten möglichst schnell vorbeigehen.

Insbesondere in den Momenten, in denen dich Beschwernisse und Bekümmernisse bedrücken, darfst und solltest du dich an eine nicht zuletzt aus der psychologischen Forschung bestätigte Erkenntnis erinnern, die da lautet:

Gefühle bestimmen nicht nur dein Denken, sondern umgekehrt gilt auch, dass dein Denken deine Gefühle, und somit deine Stimmung beeinflusst.

Damit ist konkret gemeint, dass du insbesondere in Phasen, während derer deine Stimmung gedrückt oder gar niedergeschlagen ist, dein Denken aktiv auf positive Ereignisse richten solltest, die geradezu zwangsläufig dazu führen, dass sich auch deine Stimmung wieder aufhellen wird.

Um keinem Missverständnis an dieser Stelle aufzusitzen, sei hier klar darauf aufmerksam gemacht, dass diese „Technik des Selbstcoachings" nicht bei Menschen funktioniert, die unter einer anerkannten Depression leiden. In einem solchen Fall müssen – je nach Schweregrad einer Depression – deutlich andere Maßnahmen ergriffen werden.

Grundsätzlich gibt es im Rahmen einer depressiven Erkrankung ein sehr weites Feld. Beginnend bei leichteren, depressiven Verstimmungen, über mittelschwere Depressionen, bis hin zu lebensbedrohlichen, schwersten Depressionen (inkl. Suizidgefahr!), reicht das Spektrum dieser massiv belastenden psychischen Erkrankung, unter der nachweislich seit nunmehr schon etwa zehn Jahren immer mehr Menschen zu leiden haben.

Oftmals werden die Begrifflichkeiten – zumeist vermutlich aus Unkenntnis – dahingehend vernebelt, dass seit geraumer Zeit vornehmlich der Modebegriff „Burnout" verwendet wird, da dieser – unsinnigerweise – noch immer gesellschaftlich von vielen Menschen eher akzeptiert wird, als der Begriff „Depression".

Bei genauerem Hinsehen zeigt sich nahezu immer, dass sich hinter nahezu jedem medizinisch verifizierten Burnout im Grunde genommen eine depressive Erkrankung verbirgt, die auch mit dafür geeigneten Maßnahmen therapiert werden sollte.

Menschen, die erwiesenermaßen nicht unter einer Depression leiden, sind jedoch auf jeden Fall gut und klug beraten, ein aktives und konsequentes Stimmungsmanagement zu betreiben, da sich somit – insbesondere in mental und seelisch belastenden Phasen gezielt und konkret Einfluss auf die eigene Befindlichkeit nehmen lässt, indem bewusst positive Gedanken in den Fokus der Betrachtung gerückt werden sollten. Damit ist keineswegs gemeint, dass ein billiges „Friede-Freude-Eierkuchen"-Positivdenken praktiziert werden sollte; sehr wohl aber ein aktives Denken dahingehend, sich bewusst und konsequent schöne, erbauliche und fröhliche Momente des eigenen Lebens in Erinnerung zu rufen, die dann geradezu zwangsläufig das Denken in eine Richtung lenken, die entscheidend mit zu einer gewünschten Stimmungsaufhellung beitragen können.

Solltest du ggf. zu den Menschen gehören, die über weite Strecken deines Lebens immer wieder unter einer diffus gedrückten Stimmung leiden, die zumeist durch so nicht nachvollziehbare Übellaunigkeit – oftmals gepaart mit offener und / oder verdeckter Aggression deinen Mitmenschen gegenüber, sich und anderen Menschen das Leben unnötig beschweren, dann solltest du dir bitte dringend fachkompetente Hilfe holen, da es erdrückende Indizien dafür gibt, dass du unter einer ausgeprägten Depression leidest.

Je nach Schweregrad einer Depression, gibt es unterschiedliche Hilfsangebote, die du vor allem in deinem eigenen Interesse, und mittelbar auch im Interesse der dir nahestehenden Mitmenschen (z. B. PartnerIn, Familie, Freunde usw.) unbedingt wahrnehmen solltest.

Hilfreich und empfehlenswert sind z. B. folgende Angebote:

- Psychologische BeraterInnen
- Psychologinnen & Psychologen
- Psychotherapeutinnen & Psychotherapeuten
- PsychiaterInnen
- Neurologinnen & Neurologen

Eine erste, sinnvolle Anlaufstelle wird oft ein(e) Hausarzt / Hausärztin sein, der / die jedoch – aus verständlichen Gründen – mit dem Erstellen einer angemessenen Diagnose der auslösenden Ursachen einer Depression fachlich überfordert sein wird. Von daher führt ein zielführender Weg schlussendlich grundsätzlich und immer über die hier genannten Fachleute.

Zunächst einmal gilt es grundsätzlich zu unterscheiden zwischen physischen Schmerzen und psychischen Schmerzen.

Erstgenannte sind nicht selten allein schon aus optischen Gründen gut zu erkennen, weil die betroffenen Menschen ihrem physischen Schmerz durch teils unübersehbare Gesten Ausdruck verleihen.

Letztgenannte sind nicht selten die sehr viel schlimmere Variante, da so betroffene Menschen oftmals still in sich hinein leiden.

Während physische Schmerzen zumeist durch geeignete Maßnahmen der Schulmedizin gelindert bzw. beseitigt werden können, ist dies bei psychischen Schmerzen mitunter erheblich schwieriger.

Ein gebrochenes Bein beispielsweise lässt sich im Rahmen einer orthopädischen Behandlung zumeist ebenso gut wie erfolgreich behandeln.

Bei einer gebrochenen Seele ist dies zumeist erheblich schwieriger.

Bedauerlicherweise ist in weiten Teilen unserer Gesellschaft noch immer das ebenso unsinnige wie traurige Vorurteil präsent, das psychische Erkrankungen, wie beispielsweise Depressionen, nicht „gesellschaftsfähig" seien, und dass man sie bei den so betroffenen Menschen am besten komplett totschweigen sollte.

Menschen, die vorschnell solche oder ähnliche Urteile über psychische Erkrankungen fällen, beweisen damit allenfalls, dass sie absolut gar nichts verstanden haben.

Kein Mensch wurde gefragt, ob er unter der einen oder anderen psychischen Erkrankung leiden möchte? Neben genetischen Dispositionen sind es nicht zuletzt konkrete Rahmenbedingungen im Leben von Menschen, die das Auftreten einer Depression „begünstigen".

Glücklicherweise lassen sich viele psychische Erkrankungen heutzutage erfolgreich therapieren. Voraussetzung dafür ist allerdings, dass die so betroffenen Menschen fachkompetente Hilfsangebote auch möglichst rechtzeitig in Anspruch nehmen.

Bedauerlicherweise ist es bei den meisten psychischen Erkrankungsformen so, dass die Betreffenden selbst gar kein Gespür dafür entwickeln, *dass* sie ernsthaft erkrankt sind.

Vielmehr werden zumeist entsprechende Hinweise vorschnell und unreflektiert abqualifiziert, so dass dringend nötige Hilfsmaßnahmen entweder gar nicht oder viel zu spät eingeleitet werden.

Entscheidendes Motiv für solche vorschnellen und zudem in der Sache unsinnigen Verhaltensweisen ist – wie so oft – Angst. Angst davor, als „verrückt" abgestempelt zu werden. Angst davor, ausgegrenzt zu werden.

Wenn überhaupt, dann müssten vielmehr solche Menschen als „verrückt" bezeichnet werden, die solche ebenso unsinnigen wie verantwortungslosen Vorurteile psychisch kranken Menschen gegenüber absondern.

„Verrückt" sind demnach oftmals nicht die psychisch Kranken, sondern vielmehr diejenigen, die zumeist aus Gründen eigener Feigheit anderen Menschen suggerieren möchten, dass es abwegig sei, psychologische bzw. psychotherapeutische Hilfe in Anspruch nehmen zu wollen.

Ganz gleich, in welcher Form dir Schmerzen in deinem Leben begegnen – früher oder später wird sich das auch in deinem Fall nicht gänzlich verhindern lassen – so bist du gut und klug beraten, dich dem jeweiligen Schmerz offen und aktiv zu stellen.

Schmerzen, die objektiv vorhanden sind, zu leugnen, kann und wird – wenn überhaupt – nur über einen jeweils sehr kurzen Zeitraum Linderung verschaffen können.

Klüger und besser ist es, wenn du auftretenden Schmerzen gegenüber aktiv und konsequent handelnd entgegentrittst.

Weder bei physischen, noch bei psychischen Schmerzen wird es im Regelfall so sein, dass diese durch fortgesetzte Ignoranz verschwinden, sondern vielmehr durch aktives, konsequentes und zielsicheres Handeln.

Sei tapfer, und sieh deinen Schmerzen ins Auge. Handle klug und aktiv. Desto schneller wirst du Linderung verspüren.

Bei physischen Schmerzen helfen dir u. a.: Orthopäden, Internisten, Allgemeinmediziner, Chirurgen usw.

Bei psychischen Schmerzen nimmst du am besten professionelle Hilfe von Psychologischen Beratern, Psychologen oder Psychotherapeuten in Anspruch.

Sowohl physische, als auch psychische Schmerzen sind grundsätzlich Ausdruck davon, dass bei dir etwas „nicht stimmt".

Es ist keine Schande, bei physischen Schmerzen ärztliche Hilfe in Anspruch zu nehmen.

Ebenso wenig ist es eine Schande, bei psychischen Schmerzen psychologische oder psychotherapeutische Hilfe zu nutzen.

Bedenke: Beides hat seine Berechtigung, und ist weder merkwürdig noch abwegig. Handle. Jetzt.

Kapitel 26. Vom Packen an die eigene Nase

Vom Packen an die eigene Nase

Wie immer wir zum Unrecht stehen,
so sollten wir uns selbst ansehen.
Machen "wir" mit Appetit
nicht selbst an mancher Stelle mit?

Hol'n Handywanzen uns ins Haus,
packen Kunstofftüten aus,
fressen viel gequältes Fleisch,
sind lieber doch ein wenig reich.

Stützen uns auf fremde Kräfte,
trinken tausend Drogensäfte,
nehmen Gift statt Nahrung auf,
kreisen selbst im Hamsterlauf.

Wir erwarten fremde Hilfe,
fühl'n uns allein den Liebsten nah,
Tiere und Naturgeschilfe
vergessen wir oft ganz und gar.

Wir benehmen uns wie Pöbel
an fremden Stränden dieser Welt,
verpesten mit dem Fluggeströbel
uns're Luft für wenig Geld.

⋮

⋮

Viele lassen sich berieseln,
lesen keine Bücher mehr,
rechnen nicht, stattdessen dieseln
diese regelmäßig quer zum Meer.

Teure Häuser, Möbel, Kleider
denken wir uns nicht mehr weg,
und neben uns'rer Sichtfeldgrenze,
sitzen Kinder tief im Dreck.

Darum gilt es zu bedenken,
bevor wir auf die ander'n hacken,
unser Augenmerk zu lenken,
uns an die eig'ne Nas zu packen.

Raimundo Germandi, 8.7.2013

Hast du dich vielleicht auch schon dabei ertappt „mit dem Finger auf andere Menschen zu zeigen", die echte oder oftmals womöglich auch nur vermeintliche „Verfehlungen" begehen, ohne zugleich zu merken, dass du selbst es bist, die oder der in vielfältiger Hinsicht alles andere als „korrekt" agiert?!

Dann erinnere dich bitte einmal an folgende Sprüche, die den Kern dieses weithin zu beobachtenden Problems deutlich thematisieren:

- *„Was siehst du den Splitter im Auge deines Mitmenschen, ohne zugleich den Balken vor deinem eigenen Kopf wahrnehmen zu wollen...?!"*
- *„Wer ohne Fehler ist, der werfe den ersten Stein."*

Aus der psychologischen Forschung ist bekannt, dass Menschen oftmals und vor allem genau solche Aspekte des Denkens und Handelns anderer Menschen kritisieren, die sie im Grunde genommen an sich selbst nicht mögen bzw. ablehnen.

Somit findet eine „Spiegelung" statt, bei der eigene Probleme bzw. Aspekte, die ein Mensch an sich selbst nicht mag, auf andere Menschen übertragen werden, um sich dann daran „abarbeiten zu können...".

Abgesehen davon, dass ein solches Verhalten nicht gerade freundlich ist, so ist es vor allem in der Sache für so agierende Menschen ausgesprochen bedenklich.

Warum?

Nun, wenn du – seien es echte oder oftmals auch nur vermeintliche - „Verfehlungen" anderer Menschen kritisierst, ohne zugleich bewusst wahrnehmen zu wollen, dass du selbst es bist, die oder der in unterschiedlichsten Situationen alles andere als „korrekt" agiert, dann blendest du somit ohne Not die ebenso sinnvolle wie hilfreiche Möglichkeit aus, dich und dein Denken und Handeln im Wesenskern besser verstehen zu wollen.

Also: Bevor du andere Menschen kritisierst, solltest du bitte unbedingt auch darauf achten, deine eigenen „Baustellen" bewusst wahrnehmen, und somit auch konstruktiv verändern zu wollen. Das ist nicht nur sehr viel sinnvoller, sondern auch ehrlicher, als dass du in unterschiedlichsten Situationen andere Menschen auf deren oftmals eher vermeintliche „Verfehlungen" aufmerksam machst.

Merke: Es ist besser, du kehrst lieber erst einmal vor deiner eigenen Haustüre, als dass du Kraft und Zeit darauf ver(sch)wendest, andere Menschen hinsichtlich so allerlei „Verfehlungen" belehren zu wollen. Sofern du ehrlich und selbstkritisch bist, wirst du feststellen, dass es in deinem eigenen Denken und Handeln vermutlich diverse Aspekte gibt, die ebenfalls korrigiert werden sollten.

Um nicht missverstanden zu werden: Damit ist keineswegs gemeint, dass du nicht sehr wohl aktiv werden sollst, wenn du Vorgänge im Handlungsmuster bestimmter Menschen wahrnimmst, die objektiv falsch oder mitunter sogar gefährlich sein könnten. Vielmehr ist damit gemeint, dass du einen achtsameren Blick auf dein eigenes Denken und Handeln richten solltest, um erkennen zu können, dass auch du mitunter alles andere als in sich konsistente Handlungen praktizierst, die einer kritischen Betrachtung nicht standhalten werden.

Bedenke: Du musst nicht WächterIn des gesamten Universums sein.

Menschen, die fortwährend andere Menschen in deren Verhalten hinsichtlich „ach so schlimmer Verfehlungen" kritisieren, ohne zugleich wahrzunehmen, dass es im „eigenen Haus des Denkens und Handelns" mehr als genug „korrekturbedürftige Baustellen" gibt, sollten sich auf jeden Fall psychologisch kompetent beraten lassen, um den „Knoten im eigenen Kopf" auflösen zu können.

Kapitel 27. Vom Glauben und Hoffen

Vom Glauben und Hoffen

Wenn Du nicht mehr d'ran glaubst,
was von Dir selbst wird erstrebt,
wird es niemanden geben,
der Dein Streben belebt.

Wenn Du aufhörst, zu hoffen,
hast Du schon verloren,
noch ist alles offen,
es wird g'rad geboren.

So packe die Chance
am Schopfe des Handelns,
Du stehst an der Schwelle,
bist Quelle des Wandelns.

Raimundo Germandi, 11.7.2014

Getreu dem Motto: *„Wer kämpft, kann verlieren. Wer nicht kämpft, hat bereits verloren."*, solltest du bitte stets daran denken, wie wichtig es ist, dass du dir und deinen Überzeugungen treu bleibst.

Damit ist nicht gemeint, dass du – sofern es gute und nachvollziehbare Gründe dafür gibt – nicht sehr wohl deine Meinung hinsichtlich bestimmter Themen auch einmal ändern solltest. Sehr wohl aber ist damit gemeint, dass du für deine wohl fundierten und guten Überzeugungen „kämpfen" solltest.

Auch und gerade dann, wenn dir – was nicht überraschend wäre – mitunter „kräftiger, argumentativer Gegenwind" entgegen bläst.

Einer der wohl dümmsten, und in der Konsequenz schädlichsten Sprüche, der vermutlich auch dir gut bekannt sein dürfte, lautet:

„Was soll ich denn da als einzelner schon machen?"

Abgesehen davon, dass aus einer solchen Geisteshaltung eine höchst passive Motivation spricht, ist es zudem in den meisten Fällen feige und schädlich, nicht konsequent für eigene Überzeugungen einzutreten.

Bedenke: Wenn schon du selbst nicht mehr an die Richtigkeit und die mitunter besondere Bedeutung deiner Überzeugungen glaubst, wie möchtest du dann überzeugend und glaubhaft anderen Menschen gegenüber auftreten, die du doch im Grunde deines Herzens in der einen oder anderen Angelegenheit überzeugen möchtest?!

Widersetze dich bitte konsequent und aktiv einem oftmals (bewusst?!) vernebelnden Mainstream, der uns in dieser in weiten Teilen „geisteskranken" Welt in unterschiedlichsten Situationen begegnet. Benutze deinen eigenen Verstand, und lass' dich nicht davon irritieren, dass du mitunter mit deinen Ansichten zu wahrlich wichtigen Themen bei vielen Menschen „aneckst". Das ist zu erwarten, und genau deshalb darfst und solltest du bitte konsequent für deine Überzeugungen eintreten. Jetzt!

Kapitel 28. Vom falschen Sagen

Vom falschen Sagen

Wenn kaum jemand sagt, was er wirklich meint,
dabei trügerisch freundlich und grinsend scheint,
dann ist es erholsam, wenn es jemanden gibt,
der noch die Wahrheit zu schätzen liebt.

Es gibt viele, die oftmals Falsches sagen,
weil die meisten die Wahrheit nicht vertragen!
So wird allzugern Innen mit Außen verkehrt,
die innere Nacktheit verkleidet, sie stört.

Raimundo Germandi, 11.6.2013

Ist dir vielleicht auch schon aufgefallen, dass wir in immer mehr Lebensbereichen von säuselnden, Empathie vortäuschenden Menschen manipuliert werden, die uns durch pseudo-verständnisvolles Gesülze – vermutlich oftmals sogar unwissentlich (?!) - zu täuschen versuchen, um die jeweils wahre Motivation zu verschleiern?

Unzählige Callcenter, die nicht selten als sog. „Service"-Center mehr Schein als Sein sind, werden von zumeist willfährigen, massiv unterbezahlten sowie oftmals sicher auch naiv-dümmlichen MitarbeiterInnen bevölkert, die dann den Kundinnen und Kunden einen hilfreichen „Service" vorzugaukeln versuchen, der bei näherer Betrachtung sehr oft diese Bezeichnung nicht wirklich verdient.

Vielmehr geht es leider oftmals – mehr oder weniger leicht erkennbar – primär nur darum, Waren und Dienstleistungen anzupreisen, deren tatsächlicher Wert des Öfteren höchst zweifelhaft ist.

In einer Gesellschaft, in der schon Kinder in der Grundschule dazu animiert werden, offensichtliche Fehler nicht offen und frei zuzugeben, und stattdessen oftmals seitens der Eltern und / oder Lehrerschaft auch noch dazu angehalten werden, fadenscheinige Pseudoargumente für offensichtliche Verfehlungen zu kommunizieren, darf man sich nicht wundern, dass ein oftmals dreistes Lügen und Verschleiern offensichtlicher Tatbestände eine zutiefst destruktive Kraft entwickelt, unter der schlussendlich die Gesellschaft als Ganzes zu leiden hat.

Im Großen, wie im Kleinen, wird taktiert, getäuscht, gelogen und betrogen.

Auch der Politikbetrieb liefert permanent ebenso offensichtliche, wie bedenkliche Beispiele dafür, dass sehr viele PolitikerInnen schon längst oftmals nicht mehr das sagen, was sie tatsächlich denken, sondern vielmehr nur noch das, was aus politisch-strategischen Gründen als jeweils opportun angesehen wird.

Somit hat schon längst ein gefährlicher Erosionsprozess in weiten Teilen unserer Gesellschaft eingesetzt, der vor allem perspektivisch immer schlimmere Folgen haben wird, bzw. diese in vielen Bereichen schon klar erkennbar hat.

Wem soll man noch vertrauen, wenn doch inzwischen schon Kinder wissen, dass viele Menschen – ob klein, ob groß – lügen, dass sich die Balken biegen.

Wie kann eine Gesellschaft ernsthaft beklagen, dass es auch im Politikbetrieb einen unübersehbaren Vertrauensverlust gibt, der fortwährend durch immer neue Lügen und Verschleierungen offensichtlicher Tatsachen befeuert wird?

Wie sagt schon der kluge und wunderbare Liedermacher Reinhard Mey sinngemäß: *„Ich habe Sehnsucht nach Leuten, die mir nicht permanent die Hucke voll lügen…"*

Siehe bitte auch folgendes Video:
https://www.youtube.com/watch?v=BVpnrTkQqTI

Ja, es ist mitunter schwierig und unbequem, auch und gerade solchen Menschen gegenüber, denen man sich besonders verbunden fühlt, „unbequeme Wahrheiten" zu kommunizieren.

Doch, genau das zeichnet eine ehrliche Kommunikation aus: Mutig und ungeschönt auch solche Themen anzusprechen, bei denen du mitunter die Befürchtung hegst, du könntest auf Widerstand treffen.

Nicht zuletzt wissenschaftliche Forschungen im Umfeld der Psychologie haben klar bewiesen, dass die meisten Menschen schlussendlich eben doch genau solche Menschen eher wertschätzen, die ihnen mitunter auch einmal unbequeme Wahrheiten offen präsentieren, als solche, die nur wie „schleimige Gesellen" bloß nicht anecken wollen. Sei authentisch!

Vision vom Menschen

Stell Dir vor, wie jeder Mensch,
dem Du je begegnet bist,
in hunderttausend Jahren gereift sein mag,
wenn er bis dahin
erfolgreich die Lebensschule besucht hätte.

Stell Dir jeden Mitmenschen vor,
als Engel in Perfektion,
Erhaben lenkt er irgendwann
in seiner eigenen Vollkommenheit
sein ihm dann anvertrautes Regiment.

Und plötzlich erkennst Du
in jedem Dir jemals zugewandten Menschen
seine Wandlungsfähigkeit,
seine Unersetzlichkeit,
seine Persönlichkeit
und seine erreichbare Güte.

Raimundo Germandi, 13.6.2013

Vielleicht hast du dich auch schon einmal dabei ertappt, vorschnell über andere Menschen geurteilt zu haben, die Denk- und Verhaltensweisen zeigen, die deinen Vorstellungen von richtig und falsch zuwiderlaufen?

Bedenke: Kein Mensch – auch du nicht – wurde gefragt, ob bzw. unter welchen konkreten Rahmenbedingungen er in diese in weiten Teilen so kranke Welt „geworfen" werden möchte.

So, wie auch du dich hier und heute erlebst, so wie auch du hier und heute denkst, ist eine unmittelbare Folge dessen, wie sich deine bisherige Lebensbiografie entwickelt hat.

Falls du das unverdiente Glück gehabt haben solltest in einem familiären und / oder gesellschaftlichem Umfeld groß werden zu dürfen, das dir vielfältigste, konstruktive und hilfreiche Lebensumstände ermöglicht hat, dann solltest du vor allem sehr dankbar dafür sein, dass dir das Schicksal so wohlgesonnen gewesen ist.

Schau bitte nicht herablassend arrogant und verständnislos auf Menschen herab, die unter weniger günstigen Rahmenbedingungen in diese Welt gekommen sind, und die von daher aus sprichwörtlich „natürlichen" Gründen zu anderen Denk- und Handlungsweisen gelangt sein könnten, als es für dein bisheriges Verständnis von richtig und falsch bisher selbstverständlich gewesen sein wird.

Bedenke: Jeder Mensch, ja, auch du, wird entscheidend dadurch geprägt, unter welchen Rahmenbedingungen er lebt. Das betrifft keineswegs nur genetische Dispositionen, sondern entscheidend vor allem auch das jeweilige familiäre und gesellschaftliche Umfeld, in dem der betreffende Mensch lebt.

Gib dir selbst und deinen Mitmenschen eine faire Chance, eigenes Denken und Handeln selbstkritisch zu reflektieren, und du wirst feststellen, dass auch und nicht zuletzt gerade in solchen Menschen, auf die du womöglich bisher mit einer Mischung aus Verachtung und Ignoranz vorschnell herabgeschaut hast, sehr wohl ein vielleicht ungeahntes Potenzial stecken könnte, das nur darauf wartet, „geweckt" zu werden.

Sei du ein Teil eines solche Erweckungsprozesses. Damit hilfst du nicht nur anderen Menschen, einen auch für sie besseren Weg zu finden, sondern du förderst dadurch nicht zuletzt deine eigene Fähigkeit zu einer differenzierenden Denk- und Handlungsweise, von der schlussendlich alle Beteiligten profitieren könnten.

Trage bitte mit dazu bei, dass diese in weiten Teilen so kranke Welt ein menschenfreundlicheres Gesicht bekommen kann, indem auch du dich aktiv und konsequent darum bemühst, den Fokus deiner Betrachtung weniger auf vermeintliche Verfehlungen deiner Mitmenschen zu richten, sondern vielmehr darauf, erkennen zu wollen, dass in nahezu jedem Menschen womöglich ein bis dahin ungeahntes Potenzial zur Verbesserung steckt, zu dessen Erweckung auch du deinen Anteil beitragen könntest.

Wie immens wichtig auch und vor allem der Zusammenhang ist zwischen a) familiärer Herkunft, und b) daraus resultierenden Lebenschancen, wird schließlich immer wieder durch unzählige Lebensläufe augenscheinlich bestätigt.

In keinem anderen europäischen Land ist der Zusammenhang zwischen familiärer Herkunft und daraus resultierenden Bildungschancen so dermaßen extrem ausgeprägt, wie in der Bundesrepublik Deutschland.

Kinder, die beispielsweise aus Akademikerhaushalten stammen, haben unbestreitbar erheblich bessere Startbedingungen für deren weiteren Bildungsweg, als das Kinder aus Nichtakademiker-Haushalten haben.

Anstatt einen solchen Tatbestand als naturgegeben einfach so hinzunehmen, wäre es vor allem sehr viel fairer, würden Menschen einmal intensiv hinterfragen, dass ein solcher Zustand im Kern zutiefst ungerecht all den

Kindern gegenüber ist, die nicht das unverdiente Glück haben, in einem Umfeld aufwachsen zu dürfen, das schon von Anbeginn an erheblich bessere Startbedingungen ermöglicht.

Auch hier kann nur klar gesagt werden: Wehret den Anfängen!

Nicht erst dann, wenn „das Kind in den Brunnen gefallen ist" (Stichwort: minderwertige Schul- und Bildungskarriere), sondern vielmehr an der Wurzel des Übels sollte und muss angepackt werden, um solche gar nicht zu übersehenden Ungerechtigkeiten schon im Ansatz zu unterbinden.

Menschen, die im klassischen Bildungsbetrieb (Schule usw.) tätig sind, erleben immer wieder, dass für Kinder aus Akademikerhaushalten der Weg über den Besuch eines Gymnasiums – zumeist mit anschließendem Besuch einer Universität – wie selbstverständlich vorgezeichnet ist. Die Frage danach, ob das jeweilige Kind für diesen Weg fachlich überhaupt geeignet ist, wird zumeist in solchen Kreisen erst gar nicht mehr hinterfragt. Vielmehr wird davon ausgegangen, dass eine solche „Tradition" wie selbstverständlich fortgesetzt werden soll.

Kinder dagegen, die aus Nichtakademiker-Haushalten stammen, haben es erwiesenermaßen zumeist erheblich schwerer, sich einen solchen Weg bahnen zu können, da ihnen oftmals die familiären Rahmenbedingungen schlichtweg fehlen.

Einen neutralen und unvoreingenommenen Blick vorausgesetzt, zeigt sich immer wieder, dass oftmals weniger eine objektiv zu bestätigende Eignung eines Kindes zum Besuch eines Gymnasiums ausschlaggebend ist, sondern vielmehr – oftmals unausgesprochen – der familiäre Bildungshintergrund.

Sei du ein „Licht für diese Welt", und trage bitte aktiv und konsequent mit dazu bei, dass weniger unverdiente Startvoraussetzungen den Bildungserfolg eines Menschen bestimmen, sondern vielmehr das deinen Mitmenschen innewohnende Potenzial, das nur geweckt werden möchte.

Kapitel 30. Verzicht

Verzicht

Verzicht ist
eine Kunst der Freien,
die nicht sich selbst alle Gunst verleihen,
Bereitschaft, sich zurückzunehmen,
Bevorteilungen abzulehnen.

Verzicht kann
Gerechtigkeit ins friedlose Umfeld spritzen,
auch können jene, die diese Haltung besitzen,
geistesgegenwärtig die Gelegenheit nutzen,
mit Bescheidenheit die Habsüchtigen zu verdutzen.

Verzicht kann man üben,
dosiert und in Schüben.

Raimundo Germandi, 15.6.2013

Denkst du womöglich auch spontan an eher etwas für dich Negatives, wenn du mit dem Thema „Verzicht" konfrontiert wirst?

Bedeutet für dich ein „auf-etwas-verzichten-müssen" pauschal etwas Ungünstiges, das es zu vermeiden gilt?

Bedenke: Bewusst auf etwas verzichten zu können, kann eine besondere Form von Luxus darstellen, den sich offenbar viele Menschen nicht leisten können, oder – besser formuliert – die glauben, es sich nicht leisten zu wollen.

Sieh dich bitte einmal achtsam in deinem Umfeld um. Dort wirst du massenhaft Menschen finden, die zumeist erst gar nicht mehr darüber nachdenken, ob sie dies und das, was ihnen entweder durch so allerlei psychologisch-geschickte Werbung als für sie „lebensnotwendig" angepriesen wird, tatsächlich brauchen. Du wirst feststellen, dass sehr viele Menschen einem Herdentrieb folgen, um nur ja nicht „außerhalb einer Gruppe stehen zu müssen", wenn sie nicht immer sogleich jedem mitunter noch so unsinnigen und überflüssigen Modetrend willenlos und gedankenlos folgen.

Nicht diejenigen, die auf einen in Teilen immer absurderen Konsumzug aufspringen, sondern diejenigen, die kritisch hinterfragen, ob bzw. was genau sie für ihr Leben tatsächlich brauchen, sind es, die Stärke zeigen.

Schaut man sich nüchtern nur einmal die Fallzahlen im Umfeld psychologisch-psychotherapeutischer Behandlungen an, die klar belegen, dass mehr und mehr Menschen unter einem immer irrsinnigeren Konsumzwang massiv leiden, so wird schnell klar, dass die in weiten Teilen offenbar nicht mehr vorhandene Fähigkeit zum bewussten Verzicht geradezu zwangsläufig dazu führt, dass Menschen ernsthaft erkranken.

Entscheidend ist, klar zu erkennen, das der fundamental unverzichtbare Motor eines kapitalistisch ausgerichteten Wirtschaftssystems vor allem darin besteht, Menschen – nicht selten auf eine perfide Art und Weise – dazu zu animieren, mehr und mehr Dinge zu kaufen, die sie bei näherer Betrachtung oftmals gar nicht brauchen, und die sie nicht selten sogar krank machen.

Immer schlimmere Konsequenzen eines derart im Kern geisteskranken Denkens sind – für jeden mit offenen Augen und wachem Verstand agierenden Menschen – mehr und mehr offensichtlich.

Doch wer glaubt, dass das zu einem fundamentalen Umdenken bzw. Umsteuern einer übergroßen Mehrheit führt, sieht sich bisher bedenklicherweise schwer getäuscht.

Vielmehr ist zu konstatieren, dass weite Teile der Menschheit – vor allem in den sog. „entwickelnden, hochindustrialisierten Ländern" - wie blinde Lemminge noch immer einen Zustand zu konservieren versuchen, von dem längst klar ist, dass es ein Weg in den Abgrund sein wird; für manche früher, für manche später, schlussendlich jedoch für uns alle.

Warum handeln Menschen – nachweislich – in einer großen Mehrheit immer wieder entgegen den sie doch ursächlich betreffenden Interessen, indem sie offensichtliche und gar nicht zu leugnende Zusammenhänge penetrant ignorieren?

Nun, nicht zuletzt im Umfeld der Psychologie gehört es längst zu den immer wieder bestätigten Erfahrungen, dass die meisten Menschen – wenn überhaupt – erst dann aktiv etwas an ihrem objektiv unsinnigen, mitunter massiv schädigenden Verhalten verändern, wenn sie unmittelbar selbst betroffen sind. Ansonsten gilt offenbar für viele Menschen die Devise: „*Was soll's? Lieber wurstelte ich in einem mir vertrauten Trott objektiv schädlicher Denk- und Verhaltensweisen so weiter, als dass ich mich einmal engagiert mit einer fundamentalen Verbesserung meiner Situation befasse.*"

Wach' auf, und lass' nicht zu, dass auch du als willfährige(r) Sklavin / Sklave eines im Kern geisteskranken Wirtschaftssystems missbraucht wirst, das schleichend und unaufhaltsam dazu führt, dass immer mehr Menschen unter den ebenso logischen wie vorhersehbaren Folgen hemmungslosen Konsums zu leiden haben werden.

Erkenne, dass es oftmals sogar ein sich gut anfühlender Luxus sein kann, nicht immer sogleich jedem noch so irren Modetrend des „Haben-müssens" blindlings zu folgen. Bewusst gelebter Verzicht wird nicht nur dir dabei helfen, zu erkennen, was für dein Leben letztlich wirklich lebenswichtig ist, sondern es kann und wird perspektivisch dazu beitragen, diese in weiten Teilen so geschädigte Welt heilen zu können.

Kapitel 31. Verräter der Lügen

Verräter der Lügen

Absichtlich etwas falsch zu sagen,
gehört zu den Charakterplagen.
Doch mit Gespür lässt sich erkennen,
wo wahre Werte grad verbrennen.

Im ersten Eindruck schnell entsteht,
das Feeling, wo der Wind her weht.
Am offensichtlichsten sind Lügen,
die schon durch Widerspruch auffliegen.

Beim Sprechen wird die Stimme höher,
die Augen schauen Dich nicht an.
Die Hände, Kopf und Nase strafen,
durch Kratzen sie den Wirt entlarven.

Wird etwas "Schönes" angedreht,
wo Eigenvorteil oben steht.
So achte darauf, wem dies nützt,
so Du mit Kauflust g'rad stibitzt.

Auch wenn's schon steht an fremder Stelle,
hier wiederholt sich dann die Quelle:
Die selbsternannten "Ehrlichen"
sind die zumeist Gefährlichen.

Raimundo Germandi, 12.6.2013

Ist dir vielleicht auch schon einmal aufgefallen, dass das Lügen offenbar die gesamte Menschheitsgeschichte wie ein unheilvolles, oftmals Leid bringendes und destruktives Geschwür durchzieht?

Gemäß wissenschaftlicher Untersuchungen soll es wohl so sein, dass Menschen im statistischen Mitteln bis zu 200 Mal täglich lügen...?!

Ganz gleich, ob es nun tatsächlich 200 oder vielleicht auch „nur" 150 Vorfälle solcher Art täglich gibt, so wirken Lügen nicht selten wie ein schleichendes Gift, das zunächst die Beziehungen zwischen einzelnen Menschen, im weiteren Verlauf dann auch die Beziehungen zwischen ganzen Völkern zerstören können.

Bedauerlicherweise scheint das Lügen in weiten Teilen eine von der Gesellschaft akzeptierte Form der Kommunikation zu sein, so dass nur wenige Menschen noch darüber nachzudenken scheinen, welche mitunter destruktiven Kräfte vor allem einem bewusst praktizierten Lügen innewohnen?

Beginnend bei sog. Notlügen, über gesellschaftlich längst anerkannte Lügen im Alltagsgeschehen, bis hin zu bewusst betriebenen Lügenszenarien weltpolitischen Ausmaßes, gibt es eine große Bandbreite dieses schleichenden Gifts.

Ja, es gibt in Ausnahmefällen tatsächlich Situationen, bei denen Notlügen sinnvoll bzw. sogar angebracht sein könnten. Allerdings ist zu bedenken, dass ein allzu häufiges Anwenden sog. Notlügen oftmals die unheilvolle Tendenz in sich trägt, sich im Laufe der Zeit zu verselbstständigen. Somit sind die Grenzen zwischen a) situationsbedingt akzeptablen Notlügen einerseits und b) sich eines verselbstständigen Dauerlügens, sehr fließend.

Bedenke: Die Dosis bestimmt das Gift.

Insbesondere in unzähligen Alltagssituationen wird immer wieder gelogen, dass sich „die Balken biegen". Achte bitte einmal darauf, wie viele Situationen es auch in deinem Alltag gibt, bei denen sich Menschen – vermutlich oftmals aus unreflektierter Routine heraus – betrügen, ohne offenbar auch noch ein Gespür dafür zu haben, dass sie andere Menschen damit anlügen.

Allein schon die in unzähligen Lebenssituationen zu beobachtenden Säuselstimmen „geschulter" MitarbeiterInnen in diversen Dienstleistungsbetrieben (Callcenter) sowie im verkaufenden Gewerbe, lassen erkennen, dass es zumeist einen deutlichen Widerspruch zwischen a) schönen Worten einerseits und b) tatsächlich dahinter sich verbergenden Motiven gibt.

Besonders dramatisch wird es nicht zuletzt genau dann, wenn das Lügen als Mittel weltpolitischer Machtgelüste eingesetzt wird, in dem weite Teile ganzer Bevölkerungsschichten dreist belogen werden, um eigene Machtinteressen durchsetzen zu können.

Beispiele solcher Art lassen sich auch in der jüngeren Weltgeschichte zuhauf finden. Nur ein Beispiel, unter dessen unübersehbar dramatischen Folgen gerade auch aktuell weite Teile dieser Welt zu leiden haben, ist darin zu sehen, dass die ehemalige Bush-Regierung in den USA einen völkerrechtswidrigen Krieg gegen den Irak angezettelt hatte, der mit einer – wie längst erwiesen ist – dreisten Lüge begründet worden war, dass der damalige Diktator Saddam Hussein angeblich Giftgasfabriken betrieben habe, die somit einen Krieg gegen den Irak rechtfertigen sollten.

Bedenklicherweise haben leider sehr viele Leute offenbar ein sehr schlechtes Gedächtnis, so dass auch solche Ungeheuerlichkeiten schnell wieder in der Versenkung verschwinden.

Ja, es ist nicht zuletzt in alltäglichen Situationen mitunter unbequem, Menschen die Wahrheit zu sagen, anstatt sie anzulügen. Oftmals lügen Menschen schlichtweg aus der Angst vor einer tatsächlichen oder auch nur vermuteten Bestrafung. Auch solche Motive wie beispielsweise „schlecht vor anderen dazustehen", die Befürchtung um ein „anzukratzendes Image" usw. sind es, die das Lügen zu einer gesellschaftszersetzenden Kraft haben werden lassen.

Entscheidend schon eine bewusst vernebelnde Sprache, wie sie beispielsweise auch in der sog. Zeugnissprache benutzt wird, trägt maßgeblich dazu bei, dass offensichtliche Tatsachen nicht selten mit vernebelnden Worten geschönt werden.

Da die Sprache unser Denken prägt, ist es besonders verwerflich, Sprache dahingehend zu missbrauchen, um Offensichtliches zu verschleiern, und somit das Denken zu verbiegen.

Sieh dich bitte einmal aufmerksam in deinem Lebensumfeld um, und du wirst unzählige Beispiele dafür finden, dass ein oftmals gedankenloses Lügen sich schon längst in einer Art und Weise verselbstständigt hat, die großen Anlass zur Sorge bietet.

Achte bitte einmal darauf, dass seit geraumer Zeit – sowohl in der Werbung, als auch im beruflichen Umfeld – auffällig oft solche Begriffe wie „Authentizität, Transparenz usw. inflationär in einer bis dahin nicht gekannten Art und Weise verwendet werden. Warum wohl? Nun, Menschen, die solche im Prinzip eher selbstverständlichen Randbedingungen für ehrliches Handeln so auffällig oft betonen, lassen oftmals vermuten, dass deren Motive das genaue Gegenteil von dem sein könnten, was sie in einer „weichgespülten" Außendarstellung vorzugeben versuchen.

Ein Mensch, der guten Gewissens von sich sagen darf, dass er ehrlich kommuniziert, muss nicht inflationär darauf aufmerksam machen, dass er „ach so authentisch sei bzw. dass er transparent kommuniziert". In solchen Fällen ist Vorsicht angesagt!

Verlorene Solidarität

Einst gab es Zeiten an Stellen auf Erden,
da konnt man d'rauf bauen, gehalten zu werden.
Es stützte der eine des anderen Last,
man hisste gemeinsam die Flagge am Mast.

Doch heute, oh Graus, werden Keile getrieben,
die Nachbarn als Fremde zu Feinden verschrieben.
Es werden zersetzt gute Worte und Taten,
im Zerfall teure Werte rechtlich verraten.

„Narren" warnen und rufen
"Bald ist es zu spät,
dann ist sie verloren
die Solidität!"

Die Welt spielt verrückt,
sie ist nicht mehr wach,
Irre steigen verzückt
den „Narren" auf's Dach.

Die „Narren" sich finden
und es entsteht
im Kleinen erneut
Solidarität.

Raimundo Germandi. 16.05.2014

Eine Gesellschaft, in der keine Solidarität mehr praktisch erkennbar gelebt wird, trägt den Keim des eigenen Untergangs bereits in sich.

Pathologische Ignoranz und schwindende Solidarität hängen kausal eng zusammen. Mag man es bei Kleinkindern vielleicht noch ganz lustig finden, wenn diese glauben, dass Menschen oder Dinge schon deshalb verschwinden, weil sie durch ein Hände-vor-das-Gesicht-halten kurzzeitig nicht mehr zu sehen sind, so ist eine gelebte Ignoranz bei Erwachsenen ein schleichendes und höchst destruktives Gift für eine Gesellschaft als Ganzes.

Auch und gerade in vermeintlich banalen Alltagssituationen zeigen sich Regelverstöße, Ignoranz und Rücksichtslosigkeit in einer auffälligen Häufung.

Ein Beispiel: Begleiten wir einen beliebigen Menschen bei einem alltäglichen Einkauf in einem der großen Discounter.

Schon bei der Anreise mit dem PKW fällt immer wieder unangenehm auf, dass die PKW mancher Leute rücksichtslos über zwei Parkplätze abgestellt werden, wobei doch jedem auch nur halbwegs aufmerksamen Menschen klar sein sollte, dass der Parkraum – insbesondere in unseren Großstädten – oftmals sehr knapp bemessen ist. Die Idee, dass auch andere Leute einen Parkplatz in Anspruch nehmen möchten, scheint einigen Ignoranten offenbar gar nicht in den Sinn zu kommen?! Spricht man nun eine derartige Unachtsamkeit freundlich an, lässt sich leider in vielen Fällen geradezu reflexhaft eine feindselige Abwehrhaltung ausmachen, die sich in folgenden Abstufungen darbietet:

In einer „harmloseren" Variante wird man, obwohl der Sachverhalt unbestritten eindeutig ist, (rücksichtsloses Inanspruchnehmen von zwei Parkplätzen), verbal angepöbelt. Sprüche wie z. B.: „*Verpiss' Dich, hau ab, zisch' Leine usw.*", zählen dabei eher noch zu den „kleineren Entgleisungen".

In einer „fortgeschrittenen" Variante sieht man sich rüpelhaften Gesten gegenüber, die meistens noch durch lautstarke Pöbeleien begleitet werden.

Zunehmend ist auch zu beobachten, dass solche Ignoranten auch handgreiflich werden, da sie offenbar unfähig zu einer verbalen Auseinandersetzung sind.

Wie auch immer die destruktiven Reaktionen ausfallen mögen, so ist eines völlig unübersehbar: Einsichtsfähigkeit in eigenes Fehlverhalten, Rücksichtnahme, geschweige denn eine klare Entschuldigung vermisst man leider nahezu in allen Fällen. Ein solches Fehlverhalten wird unübersehbar von einer rücksichtslosen, egoistischen Grundstimmung verursacht, deren Ursache zum einen in einer fehlgeleiteten bzw. nicht vorhandenen Erziehung, zum anderen durch ein in weiten Teilen unserer Gesellschaft vorgelebtes Prinzip des „weg da, erst komme ich..." zu suchen ist.

Dass derartige Rüpeleien, die sich nahezu täglich in unterschiedlichsten Situationen beobachten lassen, nicht zu einem freundlichen und friedlichen Umgang miteinander beitragen, dürfte selbstredend sein.

Betreten wir den Laden. Schon nach wenigen Metern lässt sich beobachten, dass immer wieder Waren an Stellen zu finden sind, an denen sie definitiv nichts zu suchen haben. Liegt es womöglich daran, dass einige MitarbeiterInnen des Discounters Waren erkennbar falsch platziert haben? Nein, das dürfte wohl eher die Ausnahme sein. Die Lösung des Problems zeigt sich meistens recht schnell, indem man Kundinnen und Kunden bei deren Einkauf beobachtet.

Ein Beispiel: Ein Kunde – nennen wir ihn Herrn Achtlos – greift ein Deo aus dem Kosmetikbereich, legt es in seinen Einkaufswagen und fährt dann weiter durch die Gänge des Discounters. Auf den letzten Metern vor der Kasse angekommen fällt ihm plötzlich ein, dass er gar kein Deo kaufen möchte. Bis dahin kein Problem. Anstatt nun aber den nicht gewünschten Artikel an dessen ursprünglichen Bestimmungsort zurückzustellen, landet das Deospray z. B. im Kühlregal oder in einer der Obstkisten.

Was soll das? Was denkt ein solcher Mensch, was motiviert ihn dazu eine Ware achtlos an einer erkennbar falschen Stelle einfach abzulegen? Was hindert ihn daran die zuvor eingepackte Ware wieder ordnungsgemäß an deren Ausgangsort zu bringen, damit auch nachfolgende Kundinnen und Kunden einen aufgeräumten Laden vorfinden? In den meisten Fällen dürfte es sich schlichtweg um Ignoranz anderen Menschen gegenüber handeln, so nach dem Motto: *„Das ist mir doch egal, Hauptsache ich bin schnell aus dem Laden heraus..."*. Zudem ist ein solches Verhalten auch respektlos den Mitarbeiterinnen und Mitarbeitern des Discounters gegenüber, die vermutlich wichtigere Dinge zu erledigen haben als permanent achtlos liegen gelassene Waren wieder richtig einzusortieren.

Ignoranten der hier beschriebenen Art nehmen einerseits für sich in Anspruch wohl sortierte Regale vorzufinden, verhalten sich aber selbst oftmals so, dass genau dieser berechtigte Wunsch im Ansatz mutwillig zunichte gemacht wird. Was soll das?

Eine weitere Unsitte, die täglich zu beobachten ist, besteht darin, dass manche Kundinnen und Kunden eine Vielzahl von frei liegenden Obstschalen mit ihren Fingern begrapschen, so dass derart drangsalierte Regale oftmals schon nach kurzer Zeit wie ein „Schlachtfeld" aussehen. Was soll das? Muss man z. B. mindestens zehn Obstschalen einer Druckkontrolle unterziehen, so dass dann viele Früchte mutwillig verschandelt werden, die dann nachfolgenden Kundinnen und Kunden ein eher trauriges Bild vermitteln?

Gehen wir weiter zum Kassenbereich. Obwohl schon weithin erkennbar ist, dass sich – aus verständlichen Gründen – mitunter längere Warteschlangen bilden, halten es manche Leute offenbar für notwendig den vor ihnen stehenden Leuten den eigenen Einkaufswagen in den Rücken zu schieben, in der irrigen Annahme, es gehe dann irgendwie schneller. Was soll das?

Eine weitere, subtile Variante persönlichen Unmuts zeigt sich z. B. darin, dass manche Leute durch ein „Augen-verdrehen", „überdeutliches Schnauben" sowie durch ein „böse-Blicke-in-Richtung-Kassiererin-werfen" offenbar glauben, eine schnellere Abwicklung erzwingen zu können. Die Idee, dass die meisten MitarbeiterInnen eines Discounters ohnehin schon an einem persönlichen Leistungslimit arbeiten, und es von daher natürliche Grenzen gibt, die sich nicht beliebig ausdehnen lassen, scheint solchen Ignoranten offenbar gar nicht erst in den Sinn zu kommen.

Beim Verlassen des Discounters treffen wir heutzutage oftmals auf VerkäuferInnen einer Obdachlosen-Zeitung. Das, was sich in diesem Zusammenhang täglich beobachten lässt, zeigt in einer besonders grausamen Art und Weise, wie außergewöhnlich ignorant, arrogant und unmenschlich manche Leute unserer Gesellschaft bereits geworden sind.

Da stehen bedauernswerte Menschen oftmals stundenlang mit einem Stapel Zeitungen, begrüßen jeden aus dem Discounter kommenden Kunden mit einer fast schon roboterhaft klingenden Stimme, und das alles „nur" um einige Euros für den eigenen Lebensunterhalt zu verdienen.

Immer wieder ist zu beobachten, dass Leute mit voll bepackten Einkaufswagen aus einem Discounter kommen, die dann die vor der Tür stehenden Obdachlosen geradezu bewusst ignorieren, nur um nicht in die Verlegenheit zu kommen einen „Guten Tag" zu wünschen oder – schlimmer noch – womöglich eine Zeitung kaufen zu können.

Wie ignorant und gefühlskalt muss ein Mensch sein, sich nicht vorstellen zu können, dass es für die VerkäuferInnen von Obdachlosen-Zeitungen in den meisten Fällen wohl alles andere als ein Vergnügen ist, stundenlang vor einem Discounter zu stehen, von Menschen ignoriert zu werden, denen das Leben offenbar sehr viel besser mitgespielt zu haben scheint, um dann nach mehreren Stunden eine bescheidende „Beute" von wenigen Euros erwirtschaftet zu haben?

Auch die Sprachwahl, die mitunter schon kleinen Kindern beigebracht wird, bei der solche Menschen als „Penner" diskreditiert werden, zeigt überdeutlich, wie menschenverachtend und ignorant manche Leute in unserer Gesellschaft sind. Solchen Ignoranten wäre zu wünschen, dass sie womöglich selbst schon bald einmal als „Penner" vor einem Discounter Obdachlosen-Zeitungen verkaufen müssen, um zu lernen, wie ehrverletzend und menschenverachtend eine nicht selten zur Schau getragene Ignoranz wirken kann.

Ganz besonders und zudem grundsätzlich auffällig ist, dass zumeist vor allem genau solche Leute mangelnde Solidarität den Sorgen und Nöten weniger betuchter Menschen gegenüber vermissen lassen, die selbst nicht selten in einem wirtschaftlichen Wohlstand leben, von dem die allermeisten Mitmenschen nur träumen dürfen.

Menschen dagegen, die selbst nur wenig Materielles ihr Eigen nennen, sind – das belegen unzählige Lebensbeispiele – zumeist erheblich großzügiger beim Schenken und Spenden.

Alljährlich lässt sich im Fernsehen in einer der vielen „Wohltätigkeitsgalas" (in der Zeit vor Weihnachten) beobachten, wie Reiche, Superreiche, Neureiche und egozentrische SelbstdarstellerInnen vermeintliche Wohltaten an Bedürftige ausschütten.

Da präsentieren sich Menschen, denen es – von rühmlichen Ausnahmen einmal abgesehen – erkennbar primär darauf ankommt, sich und ihren Reichtum darzustellen, weniger aber darauf, eine in weiten Teilen der Bevölkerung wachsende Armut von Grund auf zu bekämpfen.

Wie ignorant müssen solche Leute sein, nicht zu erkennen, dass es vor allem auch der eigene, oftmals unverantwortliche Lebensstil ist, der entscheidend dazu beiträgt, dass sich Armut in einem zunehmenden Ausmaß ausbreiten kann?

Was sind das für ignorante, selbstverliebte, selbstherrliche Leute, die nahezu täglich in einem Luxus leben, der für den weitaus größten Teil der Bevölkerung niemals auch nur ansatzweise zu realisieren sein wird?

Wie verlogen muss man sein, einerseits im Luxus und Überfluss zu „baden", andererseits dann in vermeintlichen Wohltätigkeitsveranstaltungen so zu tun, als interessiere man sich ehrlich für die Sorgen und Nöte einer wachsenden Zahl von Menschen, die tagtäglich um das eigene, wirtschaftliche Überleben kämpfen?

Wie blind gegenüber den Sorgen und Nöten vieler Menschen müssen weite Teile einer Gesellschaft schon geworden sein, nicht mehr klar zu erkennen, dass es nicht zuletzt auch ein über alle Maßen unverantwortlicher Lebensstil einer geradezu lächerlichen Minderheit von Reichen, Superreichen und Neureichen ist, der ursächlich entscheidend mit dafür verantwortlich ist, dass es andernorts wachsende Armut gibt?

Zugegeben, auf den ersten Blick mag es noch großzügig und lobenswert erscheinen, zu sehen, dass z. B. Multimillionäre im Rahmen von Wohltätigkeitsveranstaltungen Beträge in einer Größenordnung von vielleicht 100.000 € (und mehr) „spendieren". Bei näherem Hinsehen wird aber oftmals schnell klar, dass die Motivation zu solch' „mildtätigen Gaben" weniger die Sorge um bedürftige Menschen, als vielmehr die Befriedigung des eigenen Egos, zu sein scheint. Oftmals drängt sich dem aufmerksamen Beobachter der unangenehme Eindruck auf, ignorante Reiche, Superreiche und Neureiche wollten sich durch derart plakative „Spenden" frei kaufen, so dass sie selbst ihr Gewissen mit Blick auf den eigenen, verschwenderischen Lebensstil zu kompensieren können glauben?

Es ist unübersehbar, dass entscheidende Relationen in weiten Teilen unserer Gesellschaft in eine bedrohliche Schieflage geraten sind. Eine Gesellschaft, die Reiche, Superreiche und Neureiche im Rahmen von Wohltätigkeitsveranstaltungen auch noch medienwirksam „über den Klee" lobt, ignoriert offenbar, dass es entscheidend solche Leute sind, die ein zunehmendes Auseinanderdriften unserer Gesellschaft auch noch forcieren. Ein absurdes Theater, an dem bedauerlicherweise noch viel zu viele wohlmeinende Menschen mitwirken.

Zugegeben, es ist auf den ersten Blick unangenehm, Reiche, Superreiche und Neureiche klar und deutlich darauf aufmerksam zu machen, dass ein erkennbar dekadentes, verschwenderisches und ignorantes Verhalten ursächlich dazu beiträgt, dass ein wachsender Teil unserer Gesellschaft zunehmend in die Armut getrieben wird. Genau ein solches Aufbegehren ist aber längst überfällig! Wie ignorant müssen weite Teile unserer Gesellschaft schon sein, passiv oder aktiv zu akzeptieren, dass „eine Hand voll Leute" in Saus und Braus lebt, während eine unübersehbar wachsende Zahl oftmals kaum mehr weiß, wie sie den laufenden Monat noch bestreiten soll?

Wäre die Motivation vieler Reicher, Superreicher und Neureicher ehrlich, könnten sie ihre Spenden auch „im Stillen" platzieren, und nicht etwa in aufwändig gestalteten Fernsehshows, die erkennbar primär nur dazu dienen, solche vermeintlichen WohltäterInnen auch noch in einem „sonnigen" Licht erscheinen zu lassen. Absurd!

Wie weit der Irrsinn in Teilen unserer Gesellschaft schon gediehen ist, zeigt sich u. a. auch darin, wenn man einmal die Zusammenhänge zwischen Teilen der sog. „High Society" und „sportlichen" Großveranstaltungen betrachtet.

Jeder Mensch, der auch nur ansatzweise bei Verstand ist, müsste erkennen, dass z. B. der Irrsinn des Formel-1-Zirkus in keiner erträglichen Relation zum Alltagsleben der meisten Menschen steht. Warum? Nun, wie ignorant und dumm müssen Menschen sein, zu akzeptieren, dass im Rahmen von Formel-1-Rennen gigantische Materialwerte binnen kürzester Zeit mutwillig verschrottet werden? Welchen plausibel begründbaren „Nährwert" hat ein solcher Irrsinn für das Leben nahezu aller Menschen? Da werden wirtschaftliche Werte binnen weniger Stunden vernichtet, von denen andere Menschen über sehr lange Zeiträume gut leben könnten. Da werden

Rohstoffe in gigantischen Ausmaßen mutwillig verschwendet, die andernorts dringend benötigt werden. Da werden Menschenleben grob fahrlässig „auf's Spiel gesetzt", und das alles nur, weil einige Rennfahrer wie die Irren im Kreis umher fahren. Da wird einem großen Publikum vorgegaukelt, es habe einen Sinn wirtschaftliche Werte großen Ausmaßes binnen weniger Stunden mutwillig zu vernichten.

Zu den besonders schlimmen Nebenwirkungen dieses massenhaften Irrsinns gehört, dass sich viele Möchte-gern-Rennfahrer durch solche Formel-1-Rennen offenbar dazu berufen fühlen, im täglichen Straßenverkehr selbst wie Irre zu fahren.

Wie gestört muss die Wahrnehmungsfähigkeit in weiten Teilen unserer Gesellschaft schon sein, nicht zu erkennen, dass ein im großen Stil praktizierter Irrsinn sich unübersehbar vor allem auf „einfachere Gemüter" auswirkt? Ist es schon im „Normalzustand" so, dass viele AutofahrerInnen in einer schier unverantwortlichen und rücksichtslosen Art und Weise am Straßenverkehr teilnehmen, sorgen nicht zuletzt solche breit angelegten Massenhypes wie die Formel-1-Rennen entscheidend dafür, dass der tägliche Wahnsinn auf deutschen Straßen nur noch weiter voran getrieben wird. Was soll das? Wer kann einen solchen Irrsinn noch verantworten? Wie fühlen sich wohl Menschen, die Angehörige im Straßenverkehr verloren haben, wobei die Ursache für tödliche Unfälle in den meisten Fällen weniger im technischen Bereich, als vielmehr in einer unübersehbar rücksichtslosen und ignoranten Fahrweise vieler Verkehrsrüpel zu suchen ist? Wie ignorant und verantwortungslos müssen verantwortliche Entscheidungsträger wohl sein, immer wieder penetrant über klar erkennbare Zusammenhänge zwischen a) vorgelebtem Irrsinn und b) praktiziertem Alltagsverhalten „einfacherer Gemüter", hinweg zu sehen? Ein absurdes Theater, unter dem vor allem solche Menschen zu leiden haben, die sich regelgerecht, rücksichtsvoll und empathisch verhalten.

Es ist an der Zeit, solche nicht zuletzt auch wissenschaftlich verifizierbaren Zusammenhänge offen und ungeschminkt zu thematisieren, und im weiteren

Verlauf konkret dafür zu sorgen, dass diese letztlich für unsere gesamte Gesellschaft verhängnisvolle „Kette des Irrsinns und der Ignoranz" schon im Ansatz unterbunden wird.

Welchen Sinn hat es z. B. „einfacheren Gemütern" zunächst potenzielle Waffen (Autos) zur Verfügung zu stellen, deren nicht selten irrwitzige Nutzung z. B. durch künstlich geschürte Massenhypes zu fördern, wo doch unübersehbar ist, dass vielen Menschen erkennbar die geistige und moralische Reife zum Führen eines Kraftfahrzeugs fehlt? Dies zu ignorieren ist nicht nur unsinnig, sondern in einem besonders perfiden Maße auch verantwortungslos. Über solche und ähnlich gelagerte Zusammenhänge sollten vor allem wichtige Entscheidungsträger unserer Gesellschaft kritisch reflektieren, die durch eine oftmals penetrante und sträfliche Ignoranz maßgeblich dazu beitragen, dass sich der auch hier im Zusammenhang mit Verkehrsrowdys geschilderte Missstand weiter verfestigen kann.

Ein weiterer, ebenso abstoßender wie perspektivisch bedenklicher Umstand ist darin zu sehen, dass es z. B. im Fernsehen Formate gibt, bei denen Reiche, Superreiche und Neureiche vorgeführt werden, die in einer abstoßenden, dekadenten Weise ihren materiellen Reichtum ausleben. Welchen Nährwert sollen solche Fernsehsendungen haben? Welchen nachvollziehbaren Sinn sollte es haben, einem großen Publikum vorzuführen, wie sich dekadente Leute in ihrem materiellen Reichtum sonnen, während der weitaus überwiegende Teil aller ZuschauerInnen nur „Zaungäste" bleibt?

Vielfach wird schnell klar, dass der materielle Reichtum oftmals umgekehrt proportional zum IQ der Betreffenden zu sein scheint. Anders ist wohl kaum plausibel zu erklären, dass eine vergleichsweise winzige Minderheit – mehr oder weniger aktiv – auf Kosten einer überaus großen Mehrheit der Bevölkerung lebt.

Fernsehformate dieser Machart schüren einerseits den Neid und die Missgunst bei vielen Menschen, die in ihrem Leben niemals eine realistische Chance bekommen, ein auch nur ansatzweise vergleichbares Luxusleben zu führen. Anderseits tragen solche Fernsehformate erkennbar in keiner Weise dazu bei, konkrete Veränderungen dahingehend zu bewirken, dass solche dekadenten Lebensformen systematisch als das bezeichnet werden, was sie faktisch sind: inhaltlich hohl, geistig unterbelichtet, ignorant und - mit Blick auf die gesamte Gesellschaft – verantwortungslos.

Bedenke: Jeder Mensch, ja, auch du, kann und sollte im Rahmen seiner Möglichkeiten achtsam und konsequent danach Ausschau halten, welche konkreten Möglichkeiten es gibt, solidarisches Verhalten zu praktizieren.

Dabei muss es sich gar nicht immer und automatisch um „das ganz große Ding" handeln, sondern es wäre schon viel gewonnen, bemühten sich sehr viel mehr Menschen um aktiv gelebte Solidarität, die sich nicht zuletzt schon in vielen Alltagssituationen konkret praktizieren lässt.

Einmal abgesehen davon, dass es für eine Gesellschaft als Ganzes – vor allem perspektivisch betrachtet – nachweislich sinnvoller ist, solidarisch zu agieren, als einem geisteskranken Denken zu folgen, das zu propagieren versucht, dass vor allem ein Ellbogen-Denken zielführend sei, bei der andere Menschen rücksichtslos „platt gemacht" werden müssten, ist es nicht zuletzt psychologisch bewiesen, dass nicht nur die jeweils Beschenkten, sondern auch die oder der jeweils Schenkende Vorteile von einem solidarischen Verhalten genießen darf, die sich u. a. darin zeigen, dass man sich selbst besser fühlt, zu wissen, dass man anderen Menschen geholfen hat.

Insofern eine klassische Win-Win-Situation, von der letztlich alle Beteiligten profitieren können.

Ja, auch du kannst solidarisch handeln. Jetzt!

Kapitel 33. Trau Dich was

Trau Dich was

Versuche bewusst, Ungewohntes zu wagen,
lass Dir doch mal vom Herzen was sagen.

Wage jetzt mutig einen ersten Schritt,
verzeih Deinen Peinigern den größten Schitt.

Befrei Dich von sorgvollem Drücken im Magen,
beichte Betroff'nen Dein dummes Versagen.

Wende bewusst Dich zur Sonne im Du,
gib fortan Fehler beim Entstehen schon zu.

Beginne sofort mit wirklich wichtigen Werken,
Werde demütig groß, die Schwachen zu stärken.

Hör mit schlechten Reden vollständig auf,
starte Dein Leben mit ganz neuem Lauf.

Beginne den Tag, dankbar zu sehen,
sei nicht mehr zu stolz, um Hilfe zu flehen.

Schäme Dich nicht, mit "Pennern" zu sprechen,
Trau Dich, die Lanze für Verstoß'ne zu brechen.

Verschmerze es auch mal, ganz zu verzichten,
lerne Dich einfühlsam auszurichten.

Halte Dich offen, für den, der was sagt.
Entscheide entschlossen, wo Dein Leben Dich fragt.

⋮

⋮

Lass Frau und Freunde Gefühle erleben.
Umarme die Menschen, die das gern von Dir mögen.
Und stehst Du mit dem Rücken auch mal direkt vor der Wand,
so halte Dich aufrecht in ehrlichem Stand.

Lass die Tiere in ihren Revieren in Ruh.
Pflanze ein Bäumchen, gieß' ihm Lebenskraft zu.
Trau Dich zu tanzen vor starrem Gesicht,
dumme Geschwätze höre sie nicht.

Beginne mit offenen Augen zu sehen
und auf Hilfebedürftige selbst zuzugehen.

Geh nur voran, dann folgen sie Dir,
bald seid Ihr zu zweit, schon kurz danach vier.

Raimundo Germandi, 31.05.2014

Dieses wunderbare Gedicht ist ein ebenso einfühlsames, wie wichtiges Plädoyer dafür, ausgetretene Pfade bewusst auch einmal verlassen zu wollen, um Neuland zu erkunden.

Getreu dem Motto: *„Möchtest Du morgen anders – sprich: besser – leben als heute, musst du heute dafür sorgen, anders zu denken und zu handeln als noch gestern. Ansonsten wirst du morgen genau so leben wie heute, und nichts wird sich für dich geändert haben."*

Warum wohl sperren sich erkennbar so viele Menschen dagegen, eigene Denk- und Handlungsmuster als das zu enttarnen, was sie oftmals faktisch sind – empfindliche Blockaden, die vielfältige Optionen des eigenen Lebens grundlos schon im Keim ersticken?

Nun, die Psychologie gibt uns darauf eine ebenso klare, wie nicht zu widerlegende Antwort. Im Kern liegt es zumeist darin begründet, dass nicht wenige Menschen schlichtweg Angst davor haben, das eigene Denken und dessen zugrundeliegende Motive zu entschlüsseln, da sie somit geradezu zwangsläufig erkennen müssten, wie abwegig und nicht selten massiv selbstschädigend eigene Denkblockaden wirken.

Es ist schon erstaunlich und befremdlich zugleich, dass ein erheblicher Teil der Bevölkerung offenbar lieber wie fremdgesteuerte, willenlose Bio-Roboter durch dieses Leben geht, ohne sich einmal ernsthaft die Frage zu stellen, ob eine ebenso unsinnige wie unnötige Selbstkasteiung nicht vielmehr dazu beiträgt, „gelebt zu werden", anstatt selbst das eigene Lebensruder in die Hand zu nehmen.

Viele Menschen sind schon längst so dermaßen eingenebelt, dass sie zumeist schon gar kein Gespür mehr dafür haben, zu merken, wie extrem manipulativ sie seitens fremder Kräfte von ihrem wahren Selbst abgehalten werden.

Bedenke: Je uniformierter das Denken und Handeln einer Gesellschaft ist, umso leichter lassen sich weite Teile der Bevölkerung für Zwecke missbrauchen, die alles andere als gut und ehrenwert sind. Beispiele dafür, wie schleichend und systematisch unsere Gesellschaft bereits schon längst infiltriert wird, gibt es zuhauf.

Wach' auf, und lass' dir nicht einreden, dass es immer mehr Bereiche des täglichen Lebens gibt, in denen eine wohltuende Menschlichkeit mehr und mehr einem kalten, herzlosen Kalkül solcher Mächte zu weichen habe, deren perfides Ziel im Kern ist, die gesamte Welt beherrschen zu wollen.

Es ist schlichtweg Unsinn, einerseits darüber zu klagen, dass unsere Welt an so vielen Ecken und Enden zunehmend unmenschlicher geworden ist, zugleich aber nichts dagegen zu tun, um genau diesen schon längst nicht mehr zu übersehenden Trend durch eigenes, aktives Handeln zu korrigieren.

Bedenke: Fortgesetzte Ignoranz gar nicht zu bestreitenden Missständen gegenüber, wird uns letztlich alle – ja, auch dich – in den Abgrund reißen.

Bitte überleg' einmal, wer ist der Mensch, mit dem du die meiste Zeit deines Lebens verbringst?

Ist es deine Partnerin, dein Partner? Sind es deine Eltern oder deine Kinder? Sind es Freundinnen oder Freunde?

Nein, nichts von alledem. Der Mensch, mit dem du die meiste Zeit deines Lebens verbringst, das bist du selbst; niemand sonst.

Von daher solltest du dir selbst die Chance geben, dich und deine Motive sowie dein Denken und Handeln verstehen zu wollen.

Schon klar, das mag und wird in einer bestimmten Art und Weise in Teilen vermutlich auch unbequem für dich sein. Doch, dass du dich ohne Not von genau solchen elementaren Selbsterkenntnissen abschneidest, dafür gibt es bei genauer Betrachtung keinerlei gute und sinnvolle Gründe. Vielmehr beschneidest du dich und deine Möglichkeiten in einer Art und Weise, die weder hilfreich noch klug ist.

Dann, und nur dann, wenn du dir deiner eigenen Motive und Denkstrukturen bewusst wirst, hast du eine gute und sinnvolle Chance, eigenes Denken und Handeln in einer Art und Weise zu entfalten, das die grundsätzlich in dir angelegten Ressourcen zur vollen Entfaltung bringen kann.

Kurz: Das Beste, was du für dich und dein Leben tun kannst, ist, verstehen zu wollen, welche Motive dich und dein Denken im Kern leiten, und vor allem, warum sie es so und nicht anders tun?

Die Alternative, die bedauerlicherweise viele Menschen – zumeist unreflektiert – leben, lautet: Leben unter Autopilot.

Möchtest Du das wirklich?!

Dieses wunderbare Gedicht möchte auch dich dazu ermutigen, dass du dein gedankliches Hamsterrad bewusst verlässt, um einen in Teilen gänzlich neuen, vielversprechenden Blick auf zentrale Aspekte deines Lebens zu ermöglichen.

Menschen, die - zumeist aus purer Angst, mehr über ihr wahres Selbst zu erfahren – sich davor scheuen, aktiv und konsequent eigenes Denken und Handeln bewusst auch selbstkritisch reflektieren zu wollen, beschneiden sich und ihr Leben zumeist völlig grundlos um viele, höchst wertvolle Erfahrungen, die sie nur deshalb nicht machen können, weil sie Angst vor dem ersten Schritt haben.

Ja, ein bewusstes Verlassen der eigenen Komfortzone, die – bei näherer Betrachtung – zumeist eher einem Denk- und Handlungsgefängnis gleicht – kostet zunächst Überwindung. Allerdings solltest du bitte niemals vergessen, dass auch du das Potenzial deines Lebens eben nur dann wirst ausschöpfen können, wenn du mutig, aktiv und konsequent auch und vor allem genau solche ausgetretenen Pfade verlässt, bei denen aus einer Metaposition betrachtet klar ist, dass sie dich vor allem in deinem grundsätzlich möglichen Entwicklungspotenzial schon viel zu lange unnötig eingeengt haben.

Befreie dich und und dein Denken durch aktives Handeln.

Habe Mut, indem du dich bewusst darum bemühst, bisher für selbstverständlich Praktiziertes kritisch zu hinterfragen. Prüfe sorgsam, in welcher dir vermutlich bisher gar nicht mehr bewusst gewordenen Art und Weise borniertes Denken und Handeln dein Leben auf eine Schiene gesetzt hat, mit der du – sofern du ehrlich zu dir selbst bist – schon längst nicht mehr wirklich glücklich bist.

Lass' dich nicht länger von dummen Geschwätz davon abhalten, erkennen zu wollen, wo genau deine wahren Motive liegen, die dein Denken und Handeln bestimmen. Um an dieser Stelle hier bewusst ein „Modewort" zu verwenden: Sei bitte authentisch. Du musst weder dir, noch anderen Menschen gegenüber eine Maske aufsetzen, um deine wahren Wünsche und Ziele verschleiern zu wollen.

Bedenke: Menschen, die eine ausgeprägte Empathie praktizieren sowie Menschen, die psychologisch geschult sind, erkennen ohnehin – ob du magst oder nicht - „wie du tickst". Verschwende also die dir geschenkte Energie nicht durch ein letztlich nutzloses Verbergen-wollen deiner wahren Beweggründe, sondern nutze deine Energie klüger dafür, dich und deine wahren Motive besser kennenzulernen, um somit deinem Leben eine gute Richtung geben zu können.

Bedenke: Es gibt nichts Gutes, außer du tust es.

Jetzt!

Kapitel 34. Sonnenleben

Sonnenleben

Je entspannter Du betrachtest,
nur auf's Wirken wirklich achtest,
desto heller wirst Du sehen,
wo und wie die Dinge stehen.

Je gelassener Du wandelst,
so Du je nach Chance handelst,
desto höher wächst Dein Werk
mit der Zukunft auf den Berg.

Je empathischer Du übst,
und je achtsamer Du liebst,
umso reicher wird der Tag.

Das Glück des andern macht Dich stark!

Raimundo Germandi, 29.10.2017

Hast du dir vielleicht auch schon einmal die Frage gestellt, wie es wohl sein kann, dass du dich einem mehr oder weniger permanent zu spürenden Druck ausgesetzt fühlst, der dich über viel zu weite Strecken deines Lebens in einem sich ungut anfühlenden Zustand von Stress und permanenter Hektik gefangen hält?

Falls ja, dann wird es höchste Zeit, dass du wesentliche Aspekte deines bisherigen Handelns von Grund auf überdenkst.

Beginnst du vielleicht viele deiner Tage schon mit allmorgendlichen Stressritualen, die bei näherer Betrachtung objektiv zumeist überflüssig sind?

Lebst du über weite Strecken deiner Tage in einem Zustand permanenter Hektik und Angst, du könntest womöglich dies und das nicht geregelt bekommen?

Fühlst du nicht auch einen „Würgegriff" täglichen Müssens, bei dem sich bei objektiver Betrachtung zumeist herausstellen wird, dass es sich dabei nur um ein vermeintliches Müssen handelt?

Bist du in Sorge um deinen „ach so vollen Terminkalender", der dir kaum mehr Luft zum Atmen lässt?

Falls du solche und ähnliche Fragen selbstkritisch mit einem Ja beantworten kannst, dann solltest du in deinem ureigensten Interesse bewusst einmal innehalten, und darüber nachdenken, ob es tatsächlich objektiv zu verifizierende Umstände in deinem Leben sind, die dir immer wieder außergewöhnlich viel unnötigen und zudem perspektivisch höchst gesundheitsschädlichen Stress bescheren, oder ob es nicht sehr viel wahrscheinlicher ist, dass es vor allem deine Art des Denkens ist, vermeintliche Stressoren als immer wieder geradezu lebensbedrohliche Angriffe auf dich und dein Leben fehlzuinterpretieren?

Zudem ist das Thema „Stress" ein höchst zentrales im Leben aller Menschen. Faktisch ist es so, dass in der weitaus überwiegenden Zahl aller Fälle es definitiv *nicht* objektiv schlimme Umstände sind, die berechtigten Anlass zu Stressreaktionen geben, *sondern* vielmehr eine immer wieder zu konstatierende Unfähigkeit vieler Menschen, situationsgerecht und angemessen auf vermeintliche Stresssituationen zu reagieren.

Ganz gleich, ob es sich um erlebte Situationen mit Menschen oder sonstigen Umständen handelt, fast immer ist es so, dass der Stress in Menschen vor allem dadurch ausgelöst wird, indem Menschen völlig unangemessen mit objektiv eher harmlosen Situationen umgehen.

Oftmals lösen banalste Situationen bedenkliche Stresskaskaden mit hohem Eskalationspotenzial nur deshalb aus, weil die betreffenden Menschen keinerlei Gespür für wichtige Prioritäten im Umgang mit unterschiedlichsten Situationen entwickeln.

Ohne es selbst in den betreffenden Momenten zu merken, geraten vor allem pathologisch ängstliche Menschen immer wieder sehr schnell in Situationen, bei denen sie binnen kürzester Zeit völlig ihre Selbstkontrolle verlieren.

Abgesehen davon, dass das nicht nur für das jeweilige Umfeld belastend und nervig ist, schaden sich solche Menschen massiv selbst. Warum? Nun, es ist längst eine weithin anerkannte Binsenweisheit, dass derartig motivierter Stress auf die Dauer extrem gesundheitsgefährdend ist. Bedauerlicherweise ist es oftmals so, dass Menschen, die sich schon über eine viel zu lange Zeit in einem solch unsinnigen Verhaltensmuster eingerichtet haben, keinerlei Einsicht mehr zeigen, erkennen zu können, *dass* sie eben diesbezüglich völlig unsinnig agieren.

Davon klar zu unterscheiden sind Formen des sog. Eustress. Dabei handelt es sich um eine positiv erlebte Form von Stress, die sich eher gesundheitsförderlich auswirkt.

Bedenke: Stress entsteht nahezu immer eben *nicht* durch objektiv schlimme Situationen, *sondern* vielmehr durch die Art und Weise, wie du gelernt hast, angemessen damit umzugehen. Entscheide selbst, ob dich krankmachender Stress irgendwann zu Boden bringen wird, oder ob du konstruktiv etwas an deinem Verhalten ändern möchtest.

Auch das Thema „Achtsamkeit" ist ein sehr zentrales. Leider schenken viele Menschen diesem so wichtigen Themen viel zu wenig Aufmerksamkeit.

Bedauerlich ist das nicht zuletzt deshalb, weil eine bewusst gelebte Achtsamkeit das Leben der Menschen deutlich bereichern kann.

Insbesondere solche Menschen, die vorschnell bestreiten, dass solche Eigenschaften wie beispielsweise Achtsamkeit, Gelassenheit, Langmut usw. für sie von Interesse seien, zeigen durch solche vorschnellen, unreflektierten und zudem in der Sache dümmlichen Kommentare, dass *gerade sie selbst* genau solche Eigenschaften am allernötigsten haben.

Je eher du begreifst, wie wichtig und hilfreich es auch für dein Leben ist, Achtsamkeit, Gelassenheit, Langmut usw. als einen wichtigen Bestandteil in dein tägliches Denken und Handeln zu integrieren, um so eher wirst du viele „Früchte" einer solchen Lebenseinstellung ernten dürfen.

Hektik und Panik *lösen* keine Probleme, sondern sie *schaffen* vielmehr permanent derer immer wieder neue.

Du selbst kannst durch dein aktives Handeln, durch deine Persönlichkeit sehr konkret dazu beitragen, eine Atmosphäre des Wohlwollens, der Gelassenheit, der Freundlichkeit, der Achtsamkeit und des Friedens entstehen zu lassen.

Unterschätze niemals die Kraft deiner Gedanken, denn sie bergen – im Guten, wie im Schlechten – enorme Kräfte in sich.

Kapitel 35. Nein zum Wahnsinn!

Nein zum Wahnsinn!

Hiermit fällt mein klares NEIN
nicht auf das böse Spiel herein,
dass da jemand uns zerteilt,
der zwischen PLUS und MINUS keilt.

Hiermit strebe ich nach Sieg
der Liebe, aber nicht mit Krieg!
In Reimen gebe ich mein Wort,
send es zu Dir und weiter fort.

Wer seinen Geist jetzt braucht zum Sprechen,
dem wird sein Wort sich Bahnen brechen.
Wer jetzt nicht kuscht, wer bricht sein Schweigen,
dem werden sich auch Wege zeigen!

Steht auf mit mir! Brecht auf zum Sieg!
Verbreitet: "Ich will KEINEN Krieg!"

Raimundo Germandi, 07.02.2015

Wie sagte schon der kluge Professor Weizenbaum:

„Wir leben hier in einem Irrenhaus. Doch, doch..."

Recht hat der Mann.

Wenn du dich aufmerksam umschaust, wirst du unzählige Beispiele dafür finden, dass weite Teile unserer Welt von einem sprichwörtlichen „Wahnsinn" regiert werden.

Viele kluge und weitsichtige Menschen, wie beispielsweise Dr. Eugen Drewermann, der wunderbare Liedermacher Reinhard Mey, der Dalai Lama sowie unzählige andere Zeitgenossen haben immer wieder darauf aufmerksam gemacht, dass Krieg noch niemals ein probates Mittel zur Lösung von Konflikten gewesen ist.

Krieg zu führen – ganz gleich in welcher Form auch immer –, war und ist auf allen nur denkbaren Ebenen eine höchst destruktive Kraft, die noch niemals bestehende Probleme gelöst hat, sondern vielmehr nur immer wieder dazu geführt hat, weitere, zumeist noch grausamere Probleme zu generieren.

Es ist der schiere Wahnsinn, zu beobachten, dass nun auch die sog. „neue" Bundesregierung als eine der ersten Maßnahmen der neuen Legislaturperiode dafür sorgt, dass noch mehr Geld und Material in eine weitere Aufrüstung gesteckt wird, und dass sich nun auch die Bundeswehr im Irak „engagieren" soll.

Anstatt endlich einmal zu begreifen, dass hier eine Spirale fortgesetzten Wahnsinns um eine weitere Eskalationsstufe befeuert wird, wäre es dringend an der Zeit, den offensichtlichen Widerspruch endlich einmal klar und deutlich zur Kenntnis nehmen zu wollen der da lautet:

Die Bekämpfung des IS ist schließlich – wie sich leicht nachweisen lässt –

eine ebenso logische wie unmittelbare Konsequenz des völkerrechtswidrigen Krieges der alten Bush-Administration, die unter nachweislich falschen Voraussetzungen (angebliche Giftgasfabriken des damaligen Staatschefs, Saddam Hussein) Krieg gegen den Irak geführt hatte.

Anstatt endlich diesen ebenso offensichtlichen wie gar nicht mehr zu leugnenden Tatbestand im Kern des Irrsinns zur Kenntnis nehmen zu wollen, sorgt nun auch die „neue" Bundesregierung aktiv dafür, dass auch unser Land immer weiter in dieses Netz des Wahnsinns verstrickt wird.

Wie unfassbar selbstschädigend und ignorant müssen Menschen wohl sein, offensichtliche Zusammenhänge nicht sehen zu wollen, die immer weitere Teile unserer Welt ins Unglück stürzen...?!

Krieg beginnt nicht erst dann, wenn sich Menschen und ganze Völker mit grausamen Waffen bekämpfen, sondern vielmehr schon dann, wenn kriegerische Gedanken in den Köpfen so mancher Menschen zu kreisen beginnen.

Wehret den Anfängen!

Wach' auf, und lass dich nicht einlullen von ebenso dümmlichen, wie zutiefst gefährlichen „Begründungen" von Menschen, die dir einzureden versuchen, es sei eine unverzichtbare Notwendigkeit zur weiteren Aufrüstung gegeben.

Nein, Krieg war und ist definitiv keine Methode zur Problemlösung! Gewalt erzeugt grundsätzlich und immer nur wieder weitere, zumeist noch schlimmere Gegengewalt.

Hilf' bitte mit, diese Spirale eines sich immer weiter gefährlich aufschaukelnden Wahnsinns bewusst und konsequent zu durchbrechen, indem du auch andere Menschen davon zu überzeugen versuchst, dass Krieg niemals zur Lösung von wie auch immer gearteten Problemen führt.

Fokussiere dein Denken und Handeln vielmehr darauf, Menschen davon zu überzeugen, dass unsere Welt nicht immer mehr grausame Waffen benötigt, sondern vielmehr Liebe, Güte, Mitmenschlichkeit sowie wechselseitiges Verständnis.

Wie heißt es doch gleich:

„Wenn die Menschen, die den Krieg wollen, ihn auch selbst am meisten zu spüren bekämen, gäbe es gar keinen Krieg mehr."

Sobald du dir einmal die Mühe machst, solche fundamentalen Zusammenhänge im Kern zu durchschauen, wirst du erkennen, wie extrem verlogen auch in unserem Land die Diskussion um eine weitere Aufrüstung (quer durch die nahezu gesamte Parteienlandschaft – mit Ausnahme z. B. der Partei, DIE LINKE) immer wieder geführt wird, wenn es darum geht, sich einem angeblich bestehenden Zwang zu weiterer Aufrüstung aktiv und konsequent zu widersetzen.

Ein Lied des wunderbaren Liedermachers Reinhard Mey bringt es auf den Punkt:

https://www.youtube.com/watch?v=BVpnrTkQqTI

In diesen Kontext passt auch gut das Zitat von Jean-Jacques Rousseau (1712-1778):

Der erste, der ein Stück Land mit einem Zaun umgab und auf den Gedanken kam zu sagen "Dies gehört mir" und der Leute fand, die einfältig genug waren, ihm zu glauben, war der eigentliche Begründer der bürgerlichen Gesellschaft. Wie viele Verbrechen, Kriege, Morde, wie viel Elend und Schrecken wäre dem Menschengeschlecht erspart geblieben, wenn jemand die Pfähle ausgerissen und seinen Mitmenschen zugerufen hätte: "Hütet euch, dem Betrüger Glauben zu schenken; ihr seid verloren, wenn ihr vergesst, dass zwar die Früchte allen, die Erde aber niemandem gehört.

(Jean-Jacques Rousseau (1712-1778), 1755, "Abhandlung über den Ursprung und die Grundlagen der Ungleichheit unter den Menschen")

Nicht immer grausamere Kriege, sondern einzig die Liebe wird diese Welt zu einem lebenswerteren Ort im Kosmos machen können.

Sag' nein zu allen Maßnahmen, die den Irrsinn des Krieges mittels vermeintlich „überzeugender" Argumente zu rechtfertigen versuchen!

Sag' nein zu allen Menschen, die dir eine vermeintliche Notwendigkeit zur Aufrüstung als unverzichtbar zu verkaufen versuchen!

Sag' ja zu Liebe und Mitmenschlichkeit!

Kapitel 36. Menschliche Gesten

Menschliche Gesten

Da umarmt Dich warm ein Zettelwort,
profan setzt sich der Alltag fort.

Die kleinen Dinge zwischendurch,
der Nebensatz, ein Wink,
es sind das scheinbar Nebensächliche,
im P.S. ein Link.

Es ist ein Mini-Gibsel nur,
ein stiller, lieber Blick,
all das gibt uns in Gesten,
das Menschliche zurück.

Raimundo Germandi, 3.08.2013

Hast du vielleicht auch den Eindruck, dass es in deinem Alltagsumfeld in weiten Teilen immer menschlich unterkühlter zugeht?

Ist dir auch schon aufgefallen, dass sehr viele Menschen nicht selten primär von künstlich erzeugter Hektik wie Getriebene durch dieses Leben streifen?

Bedauerst du auch, dass der menschliche Umgang miteinander oftmals äußerst unachtsam, lieblos und unempathisch vonstatten geht?

Dann ist es an der Zeit – beginnend in deinem engsten Umfeld – dass du selbst bewusst und aktiv dazu beitragen solltest wieder mehr menschliche Wärme zu schenken, von der schlussendlich alle Menschen werden profitieren können.

Eine ebenso leicht zu nutzende wie sehr effektive Methode zur Verbesserung des menschlichen Miteinanders besteht beispielsweise darin, dass du deiner Partnerin / deinem Partner oder anderen dir nahestehenden Menschen liebevoll gestaltete kleine Zettelchen schenkst, die du an Orten platzieren könntest, die der betreffende Mensch routinemäßig aufsucht.

Wie schön kann ein Tag beginnen, bei dem dich beispielsweise schon am frühen Morgen am Spiegel deines Badezimmers ein lieber Gruß deiner Partnerin oder deines Partners begrüßt und dir spontan ein Lächeln ins Gesicht zaubert?

Wie wunderbar kann es sein, ein liebevoll gestaltetes Zettelchen in der Tasche deiner Partnerin zu verstecken, den diese dann beim Griff in ihre Handtasche finden wird?

Wir froh wird dein Partner sein, wenn du ihm beispielsweise ein Zettelchen mit einem lieben Spruch auf seinem Teller ablegen wirst, bevor er mit dem Essen beginnen wird?

Möglichkeiten zum achtsamen und liebevollen Umgang mit Menschen, die in deinem Leben eine besondere Bedeutung haben, gibt es unzählige.

Bedenke: Es müssen nicht immer „ach so große und aufwändig gestaltete Geschenke sein", um zu bezeugen, dass dir ein Mensch besonders viel bedeutet. Vielmehr sind es oftmals die vermeintlich „kleinen" Gesten gelebter und geschenkter Aufmerksamkeit, die anderen Menschen signalisieren, dass du deren Existenz sehr zu schätzen weißt, und dass du bewusst dankbar agieren möchtest.

Sieh' dich bitte aufmerksam in deinem Lebensumfeld um, und du wirst vielfältigste Möglichkeiten entdecken, wie du anderen Menschen mit vergleichsweise einfachen Mitteln eine große Freude bereiten kannst, die nicht selten sogar größer ausfallen wird, als wenn du womöglich aufwändige Geschenke machst, die jedoch zuweilen nicht wirklich von Herzen kommen.

Schon ein freundliches Lächeln kann deinen Mitmenschen den Tag versüßen, und mit dazu beitragen, insgesamt eine freundlichere Atmosphäre unter den Menschen zu erzeugen.

Wenn man heutzutage in einer beliebigen Stadt durch eine beliebige Straße geht, sieht man nicht selten Menschen, die mit mürrischem Blick und erkennbarer Übellaunigkeit durch den Tag gehen. Viele Menschen haben offenbar gar keinen Blick mehr dafür, dass es ihnen – bei allen nicht zu leugnenden Alltagsstörungen – vergleichsweise außergewöhnlich gut geht, und dass sie eigentlich allen Grund dafür haben sollten, froh und dankbar dafür zu sein, in einem Land leben zu dürfen, das erheblich bessere Lebensbedingungen anbietet, als es die meisten Länder dieser Erde auch nur ansatzweise bieten könnten.

Nicht zuletzt wissenschaftliche Studien haben klar belegt, dass die glücklichsten Menschen mehrheitlich nicht in den wirtschaftlich reichsten Ländern leben, sondern vielmehr dort, wo der menschliche Zusammenhalt aktiv und konsequent gelebt wird.

In den meisten westlich geprägten Gesellschaften ist eher zu beobachten, dass ein Trend zu verstärktem Individualismus besteht.

Das Motto für viele Menschen lautet: Erst komme ich, dann kommt lange Zeit nichts, und dann kommen all' die anderen.

Eine in weiten Teilen bedrohlich um sich greifende Ellbogenmentalität, die auf dem unsinnigen Denkansatz beruht, den nicht zuletzt der aktuell (noch) amtierende amerikanische Präsident, Donald Trump, propagiert (*America first*), bei dem jeder vor allem nur noch an den eigenen Vorteil denkt, ist schon im Ansatz zum Scheitern verurteilt.

Es wird der Tag kommen, an dem auch die dümmsten „Hohlköpfe" am eigenen Leib begreifen werden, dass eben nicht Konfrontation, sondern einzig Kooperation die Voraussetzung für ein gedeihliches, friedliches Miteinander schafft.

Im Kleinen, wie im Großen, zeigt eine zunehmend praktizierte Ellbogenmentalität, dass das ein Irrweg nach Nirgendwo sein wird.

Wach' auf, und lass' dich nicht einfangen von einem geisteskranken sowie destruktiven Denken, das mehr und mehr Menschen in den Abgrund reißen wird.

Vielmehr solltest du aktiv und bewusst nach Möglichkeiten suchen, wie du mit den dir zur Verfügung stehenden Mitteln auch deinen Teil zur Verbesserung des menschlichen Miteinanders beitragen kannst.

Bedenke: Ja, auch du hast mit Sicherheit sehr viel mehr Möglichkeiten zum aktiven und konkreten Handeln. Wichtig ist nur, dass du ganz bewusst deine „Komfortzone" verlässt, indem du dich bewusst und konsequent aus längst eingefahrenen, zumeist gar nicht mehr selbstkritisch reflektierten Denk- und Verhaltensmustern löst. Nicht irgendwann, nein, sondern jetzt!

Kapitel 37. Kapitaler Wohlstand

Kapitaler Wohlstand

Das Wasser aus dem Hahne fliegt,
die Quelle scheinbar nie versiegt,
doch unsichtbar ist diese Quelle,
liegt sie doch an and'rer Stelle.

Solange wir im Wohlstand leben,
muss es an and'rer Stelle Quellen geben.
In der Quelle liegt der Wert,
das Geld hat nur die Sicht verkehrt.

Raimundo Germandi, 14.6.2013

Hast du schon einmal ernsthaft darüber nachgedacht, dass es alles andere als selbstverständlich ist in einem Land leben zu dürfen, in dem viele elementare Bedürfnisbefriedigungen „wie von selbst" garantiert werden?

Bist du dir dessen bewusst, dass unzählige Annehmlichkeiten, die auch dein Leben beschenken, von Menschen an anderen Orten in oftmals mühevoller Arbeit hergestellt werden?

Ist dir bewusst, dass viele dir selbstverständlich erscheinende Ressourcen, wie beispielsweise frisches Wasser, aus Quellen stammen, die sich dem direkten Blick zunächst entziehen?

Kommt auch bei dir „der Strom aus der Steckdose", ohne einmal darüber nachzudenken, wie und wo und unter welchen Bedingungen dieser zunächst einmal erzeugt wird, damit auch du ihn wie selbstverständlich in deinem Alltag nutzen kannst?

Es gibt unzählige Beispiele dafür, dass auch du in deinem Alltag viele vermeintliche „Selbstverständlichkeiten" in Anspruch nehmen kannst, deren Quellen sich zumeist einem direkten Blick entziehen.

Bedenke: Sobald du einen klaren Blick für die letztlich lebenswichtigen Quellen auch deines Lebens entwickelst, wirst du ganz automatisch achtsamer und dankbarer dafür sein, in einem Land leben zu dürfen, das auch dir einen unermesslichen Reichtum vielfältigster Güter zur Verfügung stellt, die alles andere als selbstverständlich sind.

Eine ebenso geisteskranke, wie zunehmend weltweit höchst destruktive Verkennung entscheidender Lebensgrundlagen, die oftmals ausschließlich nur noch in Geldwert abgebildet werden, hat unübersehbar dazu geführt, dass weite Teile der Menschheit nicht nur die eigenen Lebensgrundlagen auf dem Planet Erde systematisch und mit immer schnellerem Tempo zerstören, sondern auch und gerade das Denken vieler Menschen wird systematisch in einer Art und Weise verändert, nicht mehr erkennen zu können, dass eben letztlich nicht immer gigantischere Mengen an Geld das Leben bzw. Überleben auf diesem Planet sichern werden, sondern vielmehr solche Güter, deren Quellen vor allem durch Menschen und Organisationen ausgebeutet werden, denen ganz sicher nicht das Wohl der Menschen, sondern einzig der eigene Profit wichtig sind.

Schon längst zeichnen sich höchst bedenkliche Tendenzen ab, die klar erkennen lassen, dass Kriege einer gar nicht mehr fernen Zukunft weniger um Ölvorkommen, sondern vielmehr um sauberes Trinkwasser geführt werden.

Unübersehbare und höchst bedenkliche Entwicklungen lassen sich derzeit (2018) u. a. in Südafrika beobachten. Dort sind die Vorräte sauberen Trinkwassers auf ein höchst bedenkliches Maß geschrumpft.

Längst ist klar – obwohl das noch immer vielen Menschen entweder nicht bewusst zu sein scheint, oder – schlimmer noch – dass Menschen wider besseren Wissens geradezu selbstmörderisch ignorant agieren, dass wir derzeit schon zwei Planeten vom Format Erde benötigten, um die schier unersättlichen Bedürfnisse vor allem genau der Menschen auch weiterhin befriedigen zu können, die in einem Ausmaß Raubbau an der Natur betreiben, bei dem längst klar sein sollte, dass unkorrigiert gelebte Gier schlussendlich in den K.O. für uns alle führen wird.

Anstatt endlich innezuhalten, und einen grundsätzlichen Kurswechsel im Denken und Handeln einzuleiten, ist mit wachsender Sorge zu beobachten, dass – noch immer – vor allem westlich orientierte Gesellschaften, die einem ebenso geisteskranken wie unübersehbar zunehmend zerstörerischen Wirtschaftssystem, dem Kapitalismus – anhängen, keinerlei Einsicht in die längst überfällige Notwendigkeit erkennen lassen, endlich verstehen zu wollen, dass ein endlicher Planet, wie es die Erde ist, aus verständlichen Gründen kein unbegrenztes Wachstum ermöglichen wird. Doch genau auf dieser geisteskranken Prämisse basiert schließlich der Kapitalismus.

Von daher sollte jedem noch klar denkenden Menschen eigentlich klar sein, dass der Kapitalismus den Kern des eigenen Untergangs bereits im Ansatz in sich trägt, da er ein Wirtschaftsmodell propagiert, das aus leicht einsichtigen Gründen perspektivisch gar nicht funktionieren kann.

Da stellt sich die berechtigte Frage: Wie kann es dann sein, dass noch immer so viele Menschen ein im Kern geisteskrankes Wirtschaftssystem durch eigens, lemmingartiges Tun weiter befeuern, obwohl doch längst deutlich geworden ist, dass der Kapitalismus schlussendlich uns alle ins Unglück stürzen wird?

Nun, die Antwort ist ebenso einfach wie ernüchternd. In der psychologischen Forschung ist bekannt, dass die meisten Menschen „lieber" einen objektiv falschen, ins Verderben führenden Weg eigenen Denkens und Handelns beibehalten, anstatt sich bewusst und aktiv zu einem Kurswechsel zu entschließen, der eine objektiv zunehmend bedenkliche Lage dann auch faktisch signifikant verbessern könnte.

Aus einer Metaposition betrachtet müsste man sagen, dass ein solches Verhalten geradezu „irre" ist. Warum? Nun, es ist alles andere als klug, wider besseren Wissens einen Weg fortsetzen zu wollen, von dem längst klar ist, dass er perspektivisch „vor die Wand fahren wird...".

Doch genau eine solche letztlich selbstzerstörende Strategie wird leider von sehr vielen Menschen angewendet, mit der ebenso vorhersehbaren wie zunehmend tragischen Konsequenz, dass schlussendlich das bestehende System geradezu zwangsläufig kollabieren wird.

Sobald Menschen mehrheitlich erkennen, dass ein in weiten Teilen unserer Lebenswirklichkeit zu beobachtendes Fokussieren allen Denkens und Handelns primär nur noch der Frage gilt, wie immer weitere Teile des Lebens in Geldwert gemessen werden könnten, ohne zu begreifen, dass ein solches Denken schon im Ansatz sprichwörtlich geisteskrank ist, wird die Patientin „Erde" nicht gesunden können, sondern vielmehr systematisch ihrer endgültigen Zerstörung nicht mehr entkommen können.

In einer Welt unermesslichen Konsums, einer Welt, in der beispielsweise die Lebensmittelregale in riesigen Supermärkten den trügerischen Eindruck vermitteln, als müsse man sich einfach nur das holen, wonach einem gerade gelüstet, ohne zugleich zu reflektieren, dass ein solcher „Reichtum" an anderen Stellen zumeist teuer erkauft wird (Zerstörung von Lebensräumen vieler Menschen in der Dritten Welt), wird es nur noch eine Frage der Zeit sein, bis ein derart destruktives Wirtschaftssystem endgültig kollabieren wird, nein, kollabieren muss.

Inzwischen ist es nicht mehr „5 vor 12", sondern wohl eher schon „1 vor 12" für den weiteren Erhalt unserer Erde geworden.

Wie unfassbar unwissend, dumm, naiv und ignorant müssen wohl weite Teile der Menschheit sein, genau diesen gar nicht mehr zu leugnenden Aspekt endlich zur Kenntnis nehmen zu wollen, geschweige denn endlich aktiv etwas gegen diesen fortgesetzten Irrsinn zu unternehmen?

Bedenke: Die Erde braucht dich und deine Mitmenschen ganz sicher nicht. Sehr wohl aber brauchst auch du die Erde, die dir alles Leben und alle Güter schenkt, die du womöglich bisher für selbstverständlich gehalten hast?!

Die Zeit für einen fundamentalen Kurswechsel ist überreif! Jetzt!

Siehe bitte auch die wunderbare Internetseite:

http://www.mitmachseite.de/

Hier kannst du dich darüber informieren, wie eine „Welt ohne Geld" konkret aussehen könnte, und welche Möglichkeiten es auch für dich gibt, aktiv und konsequent tätig werden zu können. Jetzt!

Kapitel 38. In Zukunft

In Zukunft

Wirklich weit nach vorne geschaut
sind wir vermutlich vollständig umgebaut.
Wir sind nicht mehr gebunden an das Atom,
wir brauchen kein Wasser, kein Essen, keinen Strom.
Wir leben dann jenseits von Raum und Zeit,
haben uns erfolgreich vom Diesseits befreit.

Da stellt sich die Frage, wofür wir das Diesseits besetzen?
Soll es uns anleiten, das Jenseits zu schätzen?

Raimundo Germandi, 15.6.2013

Vielleicht hast du auch schon einmal folgende Spruchweisheit gelesen oder gehört:

„Das einzig Beständige auf dieser Welt ist die Veränderung.“

Mag diese Aussage auf den ersten Blick zunächst widersinnig erscheinen, so ist sie dennoch unbestreitbar wahr. Warum?

Nun, nichts in dem bisher bekannten Universum ist von unbegrenzter Dauer. Beginnend bei den kleinsten Strukturen im Mikrokosmos, die nur mittels technischer Hilfsmittel für Menschen sichtbar gemacht werden können, über makroskopische Objekte – z. B. Lebewesen jeglicher Art – bis hin zu den größten bisher entdeckten Strukturen astronomischen Ausmaßes – z. B. Galaxienhaufen – allen gemeinsam ist, dass sie einer permanenten Veränderung ausgesetzt sind.

Warum haben viele Menschen oftmals den Eindruck, es gebe so etwas wie eine zeitlose Beständigkeit? Im Kern dürfte es wohl daran liegen, dass die menschliche Perspektive – sowohl inhaltlich, wie auch zeitlich – arg begrenzt ist.

Aus menschlicher Perspektive betrachtet mag der Zeitraum eines menschlichen Lebens von vielleicht 70, 80, 90 oder gar 100 Jahren ein langer Zeitraum sein. Gemessen an der Gesamtkonstruktion schrumpft ein solcher Zeitraum zu einem mikroskopischen Nichts zusammen. Was sind schon 100 Jahre im Verhältnis zu den schon bisher etwa 13,7 Milliarden Jahren Lebensdauer des bisher bekannten Universums?

Entscheidend ist, zu verstehen, dass sich Veränderungen auf allen Ebenen oftmals in Zeiträumen abspielen, die sich menschlichen Empfindungen vollständig entziehen. Faktisch ändert das jedoch nichts daran, dass auch das menschliche Leben permanenten Veränderungen unterworfen ist, die sich durch keine noch so trickreichen Manipulationen verhindern lassen.

Von daher ist es klug und hilfreich, anzuerkennen, dass auch jeder Mensch fortwährenden Veränderungen unterliegt. Anstatt sich einer solchen elementaren Erkenntnis mit allerlei Mitteln und Methoden zu widersetzen, ist es klüger und hilfreicher, im Strom der Zeit mitzuschwimmen. Jeder Versuch, sich dieser fundamentalen Erkenntnis zu widersetzen, ist schon im Ansatz zum Scheitern verurteilt.

Wie albern und hilflos zugleich wirken beispielsweise vielfach angepriesene Methoden einer Anti-Aging-Industrie, die leichtgläubigen Menschen zu suggerieren versucht, der „Zahn der Zeit" ließe sich aufhalten? Klüger und zielführender ist es, zu erkennen, dass auch jeder Mensch eingebunden ist in „das große Ganze", und somit zwangsläufig auch den Spielregeln des Universums unterliegt.

Gäbe es keine Veränderungen, gäbe es auch kein Leben. Das Eine ist ohne das Andere nicht zu haben. Fürchten solltest du dich also nicht vor Veränderungen in deinem Leben, sondern vielmehr vor einem Stillstand, der letztlich nichts anderes bedeutet als Erstarrung und Tod.

Bedenke, wie schrecklich wäre es, müsstest du in einem Zustand verharren, der sich schlecht für dich anfühlt, und es gäbe keine Chance auf Veränderung? Möchtest du das?

Sei froh, dass Veränderungen auch zu deinem Leben gehören, denn sie bieten dir die Chance, festgefahrene Strukturen aufzubrechen, um somit perspektivisch einen besseren und schöneren Weg gehen zu können.

Hast du dir auch schon die wahrhaft zentralen Fragen gestellt, die da lauten:

Was ist Leben? Was zeichnet dein Leben aus? Warum bist du hier auf dieser Erde? Wer bist du wirklich? Wird dein Ich in aller Ewigkeit existieren? Falls ja, in welcher Form?

Irritieren dich solche Fragen? Möchtest du ihnen am liebsten ausweichen?

Falls ja, wäre das sehr traurig. Traurig vor allem für dich selbst. Warum? Nun, bedenke, dass auch du und dein Leben eingebunden ist in das Große Ganze; ob du das nun zur Kenntnis nehmen möchtest oder nicht. Es ist schlichtweg Fakt.

Nutze die dir geschenkte Lebenszeit, um dich und deine Bestimmung besser verstehen zu können. Lass' nicht zu, dass dich ein von fremden Kräften aufgezwungenes Hamsterrad von den wahrhaft wichtigen und entscheidenden Fragen deines Lebens ablenkt.

Sobald du dich intensiv mit den hier beispielhaft aufgeführten Fragen befasst, wirst du verstehen, in welche gigantische Maschinerie auch du eingebunden bist. Du hast die freie Wahl: Entweder, du lässt zu, dass du gelebt wirst, oder du entscheidest dich dazu, den Dingen auf den Grund zu gehen.

Sofern du dich achtsam umschaust, wirst du die Feststellung machen, dass die meisten Menschen „gelebt werden", und nicht RegisseurIn des eigenen Lebens sind. Möchtest auch du zu dem Heer willenloser Menschen gehören, die sich zeitlebens nicht die wahrlich wichtigen Fragen gestellt haben?

Was ist Leben? Was zeichnet Leben im Kern aus?

Wenn du eine solche Frage ernsthaft stellst, wirst du – wenn überhaupt – von den meisten Menschen sinngemäß eine Antwort erhalten, die in etwa lautet:

Leben ist das, was Menschen und Tiere ausmacht. Typische Eigenschaften sind beispielsweise die Fähigkeit zur Reproduktion, die Fähigkeit des Denkens, ein freier Wille usw..

Der entscheidende Denkfehler, den sehr viele Menschen bei der Beantwortung einer derart zentralen Frage machen, besteht vor allem darin, dass der Begriff „Leben" auf biologisches Leben beschränkt wird oder –

noch extremer – auf menschliches Leben.

Warum ist das so? Nun, es liegt wohl entscheidend daran, dass nur vergleichsweise wenige Menschen überhaupt über solche zentralen Fragen nachdenken. Täten sie das nämlich, müssten sie erkennen, dass der Begriff „Leben" keineswegs auf biologisches, und schon erst recht nicht auf menschliches Leben beschränkt ist.

Für viele Menschen wirkt eine solche Erkenntnis spontan sehr befremdlich. Warum? Entscheidend wohl vor allem deshalb, weil auch solche zentralen Begriffe zumeist gedankenlos verwendet werden, ohne zu hinterfragen, ob das, was da kommuniziert wird, überhaupt stimmt?

Spätestens seit den 90er Jahren des 20. Jahrhunderts wissen wir im Rahmen der Erforschung „Künstlichen Lebens", dass sämtliche Kerneigenschaften, von denen Menschen denken, sie zeichneten exklusiv menschliches Leben aus, eben keineswegs ausschließlich auf eben dieses beschränkt werden können.

Alle Kerneigenschaften, wie beispielsweise die Fähigkeit zur Reproduktion, die Möglichkeit des Denkens usw. lassen sich schon längst in künstlichen Systemen nachbilden.

Dass dies auf viele Menschen zunächst einmal befremdlich oder sogar erschreckend wirkt, ist einerseits menschlich nachvollziehbar, ändert aber faktisch nichts daran, *dass* es so ist.

Warum haben so viele Menschen eine so auffällige Angst vor solchen Gedanken? Nun, entscheidend dürfte es wohl im Kern daran liegen, dass ein vermeintlicher Alleinvertretungsanspruch des Menschen in seinen Grundfesten erschüttert wird.

Viele Menschen reagieren diesbezüglich wie Kleinkinder, die auch noch glauben, dass jemand Drittes sie nicht sieht, wenn sie nur die Hände vor das eigene Gesicht halten. Mag ein solches Verhalten bei Kleinkindern verständlich sein, so ist es für erwachsene Menschen in der Konsequenz eher hinderlich. Warum? Nun, Tatsachen zu leugnen, und das nur, weil sie zunächst unbequem erscheinen mögen, ist weder klug noch sachdienlich. Klüger ist es, zu erkennen, dass es genau solche zentralen Fragen sind, die dich in deiner Entwicklung als Mensch entscheidend voran bringen.

Hab' keine Angst, und du wirst das Wunder des Lebens umso mehr zu schätzen wissen, je tiefer du in dessen Geheimnisse eindringst.

Bedenke: Erkenntnisse großer Tragweite verschwinden nicht etwa deshalb, indem du dich ihnen gegenüber verschließt. Gib dir selbst die Chance, zu begreifen, dass du Teil eines unermesslich großen Ganzen bist, das von einer Intelligenz erschaffen worden ist, die jede menschliche Vorstellung um nicht ernsthaft zu beziffernde Größenordnungen übersteigt.

Auch die Frage nach dem Ich ist ebenso faszinierend wie zentral.

Hast du schon einmal darüber nachgedacht, was dein Ich ausmacht? Hast du schon einmal überlegt, wo genau dein Ich verortet werden kann? Denkst du, dein Ich könnte ein irdisches Zeitmaß überleben bzw. womöglich zeitlos in aller Ewigkeit existieren? Falls ja, wie genau stellst du dir das vor?

Sobald du dich ernsthaft und ohne falsche Scheu mit solchen Fragen beschäftigst, wirst du die ebenso erhellende wie wohltuende Erfahrung machen, dass du nahezu alle Erscheinungen des Alltags in einem gänzlich neuen Licht betrachten kannst.

Sei klug, und reihe dich nicht in das Heer marionettenhaft agierender Lemminge ein, die offenbar gar nicht merken, dass ein in vielerlei Hinsicht krankmachendes System sie systematisch von den wahrhaft entscheidenden Fragen abhält.

Werde du selbst RegisseurIn deines Lebens und nutze die dir geschenkte

Zeit, um dein wahres Selbst zu entdecken. Das ist ungleich sinnvoller und wertvoller, als deine Lebenszeit in einem oftmals zermürbenden Hamsterrad zu verschwenden – ohne klares Ziel und Verstand. Es ist deine Entscheidung. Jetzt!

In Krankheit

Wo Krankheit unaufhaltsam krebst,
Du weder stirbst noch richtig lebst,
da hast Du wirklich schlechte Karten,
musst leidend so gelassen warten.

Den Sinn hierfür kann keiner sagen,
doch führen Dich von nun an Fragen,
die Du früher nie gestellt. -
Zu voll die Zeit. Zu leer die Welt.

Mit Deinem Fragen tauchst Du ein
ins tiefere Verborgensein.
Magst finden dort ein Blümlein klein
in unbekanntem Brunnenstein.
Dort irgendwo muss Licht auch sein,
da bist Du nicht mehr ganz allein!

So offenbart sich Dir im Krankheitskleid
Begleitetsein trotz Einsamkeit.

Raimundo Germandi, 29.6.2013

Wie enorm wertvoll eine gute Gesundheit ist, merken viele Menschen erst dann, wenn eben diese nicht mehr gegeben ist.

Sei ehrlich zu dir selbst, und stelle dir die Frage:

Nimmst du eine gute Gesundheit als eine Selbstverständlichkeit wahr, oder zeigst du deine Freude und Dankbarkeit darüber, dass du dein Leben in Gesundheit führen darfst?

Wie heißt es doch gleich: *„Gesundheit ist nicht alles, doch ohne Gesundheit ist alles nichts."*

Obwohl eine solche Aussage ein wenig undifferenziert ist, so ist sie im Kern dennoch in dem Sinne richtig, als dass genau eine solche Erfahrung wohl jeder Mensch machen wird, dem das Leben – aus welchen Gründen auch immer – seine Gesundheit genommen hat. Dabei spielt es letztlich keine Rolle, ob eine zuvor wie selbstverständlich wahrgenommene Gesundheit durch einen Unfall oder durch eine schwere Krankheit genommen worden sein wird.

Ab dem Moment, wenn du von einer schweren Krankheit betroffen sein wirst, stellen sich viele, höchst fundamentale Lebensfragen von Grund auf neu.

Viele der vermeintlich trivialen Alltagserscheinungen bekommen urplötzlich ein völlig neues Gewicht.

Wohl jeder Mensch wird sich in einem solchen Moment folgende naheliegende Fragen stellen: „Warum gerade ich? Wieso muss ausgerechnet ich mich mit einer schweren Krankheit plagen? Was soll das alles?"

So menschlich verständlich solche und ähnliche Fragen auch sein mögen, so sehr kann dir eine schwere Krankheit den Blick für das Wesentliche eröffnen, das du bisher in deinem Leben womöglich so noch gar nicht achtsam bedacht hast?!

Eine kluge Lebensweisheit lautet: „In jeder Krise steckt auch eine neue Chance."

Zugegeben, ein Mensch, der mit einer schweren Krankheit belastet wird, hat zumeist aus verständlichen Gründen vermutlich Schwierigkeiten damit, erkennen können zu wollen, dass in einer solchen Lebensprüfung sehr wohl auch eine echte Chance für ihn verborgen sein könnte.

Dennoch bietet das Leben – vor allem in der Rückschau – immer wieder vielfältige Gelegenheiten, zu erkennen, dass aus einer zunächst schwierigen Situation sehr wohl im weiteren Verlauf etwas Gutes entstehen kann.

Dabei hilft es eine sog. Metaposition einzunehmen. Damit ist gemeint, dass du eine Situation bewusst aus einer „höheren Warte" betrachten solltest, indem Du dich bewusst und aktiv aus einer akuten, momentan belastenden Situation zu lösen versuchst, indem du deinen Blick auf das Große Ganze weitest.

Ja, schon klar, dass Menschen aus verständlichen Gründen einen solchen Gedanken zunächst einmal abzublocken versuchen. Dennoch ändert es faktisch nichts daran, dass es eben sehr wohl genau so sein wird, nämlich rückblickend dann erkennen zu können, dass eine zunächst als belastend empfundene Situation, wie sie beispielsweise durch eine schwere Krankheit entstehen kann, schlussendlich doch als gut und zielführend eingeschätzt werden kann.

Immer wieder berichten Menschen davon, dass ihnen eine schwere Krankheit den Blick für das Wesentliche geöffnet hat. So viel Gutes und Schönes, das bis dahin stets für selbstverständlich gehalten worden war, wird plötzlich in einem gänzlich neuen Licht gesehen.

So irritierend es auf den ersten Blick auch erscheinen mag: Eine schwere

Krankheit kann einem menschlichen Leben eine gänzlich neue Ausrichtung geben, die sich im Nachhinein sogar als gut und wünschenswert herausstellen wird.

Wichtig ist – und das gilt nicht nur für den Umgang mit einer Krankheit – zu erkennen, dass ein bewusst gelebter Perspektivenwechsel entscheidend dazu beitragen kann, das eigene Leben in einem gänzlich neuen Kontext wahrnehmen und erleben zu können, der sich bewusst von dem unterscheidet, was wohl die meisten Menschen bis dahin routinemäßig im Alltag gelebt haben.

Wohl jeder Mensch, dem es gelungen ist eine schwere Krankheit überwunden zu haben, wird sodann viele Dinge des Alltagserlebens von Grund auf neu bewerten.

Eine wachsende Achtsamkeit und Dankbarkeit vermeintlich selbstverständlichen Aspekten des Lebens gegenüber wird sich im Leben eines Menschen manifestieren, dem eine Krankheit den Blick für das wirklich Wesentliche geöffnet hat.

Es sind eben nicht die vielfältigen, zumeist materiellen Aspekte des Lebens, die ein solches allein und primär lebenswert machen, sondern vielmehr solche vermeintlichen Selbstverständlichkeiten, wie beispielsweise gesunde Luft, sauberes Wasser, liebevolle Beziehungen usw., die auch dein Leben von Grund auf bereichern bzw. dieses überhaupt erst ermöglichen.

Bitte vergiss das nicht!

Nicht zuletzt in Zeiten einer schweren Krankheit wirst du erkennen, dass sich die „Spreu vom Weizen trennt".

Menschen, die dir nicht nur in guten Zeiten, sondern auch und gerade in schwierigen Zeiten die Treue halten, sind es, deren Freundschaft du aktiv und konsequent pflegen solltest.

Hinblick

In den leisesten Momenten
lässt sich plötzlich helle blicken,
wie die vielen Elemente
stilvoll zueinander ticken.

Da sitzt wohl einer an der Quelle,
der sie hin und her bewegt,
intelligent muss da ein Wesen
wissen, wann's sich in Dir regt.

Ja, der Aspekt erscheint unheimlich,
wenn man ihn bewusst erkennt,
denn dann wird es augenscheinlich,
dass da irgendjemand lenkt.

Raimundo Germandi, 09.05.2014

Hast du dir hoffentlich auch schon einmal die „Fragen aller Fragen" gestellt, die da lautet: „Woher kommt das alles? Wie ist das Universum entstanden? Wer bin ich eigentlich? Welchen Sinn hat mein Leben? Wer oder was hat diese gigantische Maschinerie ursprünglich in Gang gesetzt, und, vor allem, warum? Was soll das alles hier?"

Oder hast du dich womöglich bisher mit genau solchen fundamental relevanten Fragen noch niemals ernsthaft befasst? Lebst du eher wie ein ferngesteuerter, willenloser Roboter in deinem täglichen „Hamsterrad", ohne bisher überhaupt auch nur einmal auf die Idee gekommen zu sein, zu hinterfragen, wer oder was genau das ursächlich ins Leben gerufen haben könnte, dass womöglich auch du, wie unzählige andere Menschen auch, bisher als eine Selbstverständlichkeit betrachtet haben, die erst gar keiner näheren Betrachtung unterzogen worden sein könnte?!

Schon klar, ja, selbstverständlich ist es völlig legitim, dass Menschen ihr Leben als eine nicht weiter zu hinterfragende Gegebenheit betrachten, und keine weiteren Gedanken an ein Woher, Wieso, Warum, Wozu usw. zulassen.

Allerdings bedeutet das ebenso klar, dass Menschen, die so unreflektiert leben, sich jeder Chance berauben, das Große Ganze im Kern verstehen zu wollen, um zu ergründen, welche „Rolle" sie womöglich selbst auf dieser größten aller nur denkbaren „Bühnen" spielen?

Bedenke: Du tust dir selbst den größten Gefallen, wenn du dich intensiv und konsequent darum bemühst, verstehen zu wollen, wozu „das alles" überhaupt in Gang gesetzt worden sein könnte, wer oder was die Initialzündung für alles gegeben haben könnte, was sich so locker und leicht als „das Universum" beschreiben lässt, um schlussendlich auch der Frage nachzugehen, welche Rolle du mit deinem dir geschenkten Leben in diesem gigantischen „Kino" spielst?

Weniger die verwendeten Begrifflichkeiten, als vielmehr die sich im Kern dahinter verbergenden „Kräfte" sind es, die es zu ergründen gilt.

Ganz gleich, ob du eine solche Initialkraft Gott, Allah, kosmische Energie, Weltenlenker oder wie auch immer nennen magst, entscheidend ist vor allem, zu begreifen, dass es ein ursächlich auslösende Etwas gegeben haben muss, um alles das in Gang zu setzen, was wir heutzutage unter dem Begriff Universum subsumieren.

Ebenso unsinnig, wie es schon im Umfeld vieler Religionen ist, sich in ohnehin menschengemachten Begrifflichkeiten zu verbeißen, darüber zu streiten, ob nun eine Religion x, y, als „die einzig wahre" anzusehen sei, so unsinnig ist es, darüber zu streiten, ob eine auslösende Kraft für das Große Ganze exklusiv als Gott, Allah, kosmische Energie, Weltenlenker oder wie auch immer, bezeichnet werden soll.

Das sind vielmehr marginale Nebenschauplätze, die am tatsächlichen Wesenskern der schlussendlich entscheidenden Fragen gänzlich vorbei zielen.

Viel wichtiger und zielführender als ein absurder Streit um Begriffe ist es, erkennen zu wollen, wie alles mit allem, jeder mit jedem zusammenhängt.

Sowohl im Mikrokosmos, als auch im Makrokosmos zeigt sich, dass es universell gültige Strukturprinzipien gibt, die sich in mehr oder weniger komplexen Mustern unterschiedlicher Ausprägung zeigen, bei denen zu erahnen ist, dass es ursächliche Zusammenhänge geben muss, die nur jemand leugnen kann, der entweder gänzlich unwissend, pathologisch ignorant oder gar beides ist.

Sieh' dich bitte achtsam und aufmerksam um, und du wirst unzählige Beispiele dafür finden, wie wunderbar „das alles" zusammengefügt worden ist.

Keine noch so trickreichen, oftmals künstlich konstruierten

denkakrobatischen Verrenkungen können und werden schlussendlich dazu führen, eine wie auch immer zu bezeichnende ursächliche Kraft für „das alles" gänzlich ignorieren zu können.

Da helfen auch keine vor allem in den letzten Jahren des Öfteren zu lesenden Behauptungen so manch „führender" Wissenschaftler weiter, die allen Ernstes davon ausgehen, dass unser Universum sozusagen „aus dem Nichts hätte entstehen können...?!".

Ein geradezu absurder Gedanke, der auch nicht dadurch glaubhafter wird, indem er durch vor allem für Laien höchst schwerverständliche bzw. unverständliche Formeln vermeintlich als sinnvoll dargestellt werden soll.

Bedenke: Keine Wirkung ohne Ursache!

Das ist ein universell gültiges Prinzip – im Kleinen, wie im Großen – das ausnahmslos im gesamten Universum Gültigkeit hat.

Nicht zuletzt intensive Forschungen im Umfeld der Astronomie und der Astrophysik haben in den vergangenen Jahrzehnten vor allem zu der Erkenntnis geführt, dass, je tiefer Menschen mittels neuer Techniken in den Weltraum blicken, desto größer und wunderbarer „das alles" erscheint.

Bedenke: Anstatt sich womöglich im hamsterradähnlichen Alltagstrott aufreiben zu lassen, wäre es sehr viel klüger und zielführender, du würdest wesentliche Teile deiner Kraft und Zeit vielmehr darauf verwenden, verstehen zu wollen, wie wunderbar „das alles" geschaffen worden ist, um somit begreifen zu können, dass „das alles" eben keineswegs „aus dem Nichts entstanden sein wird...", sondern vielmehr das ebenso gigantische, wie extrem bestaunenswerte Resultat einer ursprünglich auslösenden „Kraft" sein muss, deren Intelligenz wir Menschen nicht einmal ansatzweise erfassen können. Nenne eine solche Kraft, wie du willst. Aber achte darauf, den Fokus deines Denkens auf das wahrhaft Wesentliche zu richten.

Kaptiel 41. Ellbogenstreber

Ellbogenstreber

Wer Karriere will - und steigen,
muss sich mit Glimmerglanz bekleiden,
damit man schon von oben sieht,
wohin ihn seine Stirne zieht.

Alsbald muss er mit Fähnchen winken,
und gierig mit den Wölfen trinken.
Den Dynamo kaum angetrieben,
erscheinen Kräfte, die ihn schieben.

Er wird durch Locken und Erpressen
von fremden Mächten nun besessen
und zu guter Letzt - gefressen.

Wär er bescheiden nur geblieben,
die Menschen würden ihn jetzt lieben.
Begeistert würden sie ihn rufen,
seinen Ruhm nach oben stufen.

Raimundo Germandi, 8.6.2013

Wir leben in einer Zeit, in der eine unübersehbare Ellbogenmentalität oftmals schon von klein auf antrainiert wird.

Schon kleine Kinder in den Grundschulen werden nicht selten dazu angehalten sich mit mehr oder weniger destruktiven Methoden gegen vermeintliche Konkurrenten durchsetzen zu sollen.

Dieser Irrsinn setzt sich dann in vielen weiteren Bereichen des Lebens sowohl in der Ausbildung, im Studium, im Beruf sowie nicht zuletzt auch im Privatbereich fort.

Die Konsequenzen eines derart unsinnigen Karrierestrebens sind schon längst ganz nicht mehr zu übersehen.

Hast du schon einmal darüber nachgedacht, dass unsere in weiten Teilen zunehmend kranke Welt sehr viel menschenfreundlicher und schöner sein könnte, gäbe es mehr Menschen, die erkannt hätten, dass sie selbst entscheidend dazu beitragen könnten, diese Welt in so vielfältiger Hinsicht besser und friedlicher zu gestalten?

Jedem Menschen, so auch dir, wurden bestimmte Fähigkeiten geschenkt, die du nicht nur zu deinem eigenen Vorteil, sondern vielmehr zum Vorteil vieler Menschen in deinem Umfeld aktiv einsetzen solltest.

Hast du schon einmal ernsthaft darüber nachgedacht, dass der weitaus überwiegende Teil zu leistender Arbeit keinesfalls eine klassische Erwerbsarbeit ist? Ist dir bewusst, dass ein erheblicher Teil – zudem sehr wertvoller Arbeit – unbezahlt geleistet wird von Menschen, denen nicht nur das eigene Wohl, sondern auch das Wohl der Mitmenschen von Bedeutung ist?

Findest du es nicht auch sehr merkwürdig, um nicht zu sagen geradezu absurd, dass in dieser in weiten Teilen zerrütteten Welt ausgerechnet solche Menschen über nicht selten höchst unanständige, materielle Reichtümer verfügen, die entweder gar nichts zum Allgemeinwohl beitragen oder dieses vielmehr sogar durch absurde und perfide Finanzspekulationen in zunehmendem Maße systematisch zerstören?

Welche glaubhaft nachvollziehbaren Argumente sollte es wohl noch geben, allen Ernstes rechtfertigen zu wollen, dass beispielsweise skrupellose und menschenverachtende Hedgefondsmanager sündhafte Honorare dafür einstreichen, indem sie systematisch dazu beitragen, immer mehr Menschen in den Ruin zu treiben?

Wieso werden Menschen, die faktisch höchst wertvolle Arbeit für unsere Gesellschaft leisten, wie beispielsweise Krankenschwestern, Pflegekräfte usw. so unterirdisch schlecht entlohnt, obwohl doch jedem denkenden Menschen klar sein sollte, wie enorm wertvoll solche Arbeiten für unsere Gesellschaft sind?

Eine Gesellschaft, die sich – wider besseren Wissens – nicht aktiv und konkret dafür einsetzt, leistungsloses Einkommen massiv einzudämmen, und stattdessen mehr und mehr Menschen – nicht zuletzt auch aus immer größeren Teilen der oftmals so gern zitierten Mittelschicht – systematisch an den Rand des Abgrunds treibt, darf sich nicht darüber wundern, dass ein solches System unaufhaltsam kollabieren wird – nein – kollabieren muss.

Um das zu verstehen, muss man kein Verschwörungstheoretiker sein, sondern allenfalls simple Gesetze elementarer Wirtschaftstheorie betrachten, die glasklar belegen, dass ein kapitalistisches Wirtschaftssystem, dessen Grundmaxime lautet: immer mehr und mehr, schon im Ansatz zum Scheitern verurteilt ist.

Sei klug, und bediene dich deines eigenen Verstandes. Erkenne, wie absurd, unnötig und zutiefst destruktiv ein System ist, das mehr und mehr Menschen auf nicht selten schamlose Art und Weise zu Konsumsklaven degradiert, und es dreisterweiser dann auch noch als erstrebenswert deklariert, in einem solchen System leben zu „dürfen"?!

Wie heißt es doch gleich: Kein Mensch ist in Wahrheit unfreier als ein solcher, der glaubt, in Freiheit zu leben, und dabei gar nicht merkt, dass er wie eine ferngesteuerte Marionette finsterer Kräfte durch sein Leben geht.

Wach' auf, und sieh' dich mit offenen Augen und wachem Verstand um. Dann wirst auch du feststellen, dass du über vielfältige Fähigkeiten verfügst, die dir mit auf deinen Weg gegeben worden sind, die du in vielfältiger Art und Weise auch zum Wohl deiner Mitmenschen einsetzen könntest.

Findest du es nicht auch schlimm, dass bei vielen Menschen die erste Frage zumeist lautet: Und, was kostet dies und das? Was muss ich für dies und das bezahlen?

Schon längst ist unübersehbar, dass die Gier nach Geld schlussendlich uns alle zerstören wird. Wer dies noch immer bestreitet, muss sich den Vorwurf gefallen lassen, entweder längst unbestreitbare Fakten geradezu böswillig nicht zur Kenntnis nehmen zu wollen oder eben womöglich völlig unwissend zu sein.

Sieh' dich in deinem Umfeld um. Du wirst feststellen, dass es immer mehr Menschen gibt, deren nahezu komplettes Denken nur noch um solche Fragen kreist wie beispielsweise: „Wie kann ich meinen Arbeitsplatz sichern? Was muss ich tun, um bloß nicht anzuecken?

Offenbar merken viele Menschen gar nicht mehr, dass *sie selbst* es sind, die durch fortgesetzte Ignoranz längst nicht mehr zu leugnenden Fakten gegenüber, maßgeblich dazu beitragen, dass sie sich offenbar auch noch freiwillig immer weiter versklaven lassen, indem sie mehr und mehr an eigenen, wahrhaften Bedürfnissen vorbei leben.

Von daher wundert es nicht, dass allein innerhalb der letzten ca. 12 Jahre (seit 2006), die Fallzahlen bei psychischen Erkrankungen um sage und schreibe 80 Prozent angestiegen – um nicht zu sagen – geradezu „explodiert" sind. Solche dramatischen Entwicklungen sind eben nicht „aus dem Himmel gefallen", sondern sie sind vielmehr ebenso logische wie dramatische Konsequenz eines geisteskranken Systems, dem immer mehr Menschen zum Opfer fallen.

Besser ist es, du besinnst dich auf die dir geschenkten Fähigkeiten, und setzt diese nicht zuletzt auch kostenfrei für deine Mitmenschen ein. Heile die Welt. Ja, auch du. Jetzt!

Eine gelebte Ellbogenmentalität führt erwiesenermaßen allenfalls dazu, kurzfristige – jedoch nur scheinbare - „Erfolge" für sich verbuchen zu können. Es wird nur eine Frage der Zeit sein, bis auch der letzte hirnvernebelte Schwachmat geradezu zwangsläufig in seinem eigenen Leben schmerzlich erkennen wird, dass ein im Kern destruktives Denken und Handeln, basierend auf primär egozentrischen Motiven, schlussendlich in den K.O. für uns alle führen wird.

Schaut man sich beispielsweise die ebenso hilflosen wie in der Sache zutiefst unsinnigen Versuche unzähliger PolitikerInnen vieler Länder an, kann nur ein pathologisch ignoranter Menschen noch übersehen, dass schon längst nur noch immer aufwändigere, kostspieligere „Reparaturversuche" unternommen werden, um ein Wirtschaftssystem noch für eine höchst begrenzte Zeit künstlich aufrecht erhalten zu wollen, von dem längst klar ist, dass es im Kern auf einer geisteskranken Idee eines „immer mehr" basiert.

Nicht eine egozentrische Ellbogenmentalität, sondern vielmehr eine bewusst gelebte Kooperation wird es sein, die unsere so unübersehbar arg geschundene Erde perspektivisch wird heilen können.

Viel zu viele Menschen tun so, als hätten sie „eine zweite Erde in ihrem Reservekoffer", so dass alle eindringlichen Warnungen zu einem höchst überfälligen Kurswechsel noch immer „in den Wind geschrieben werden".

Kapitel 42. Die Weltverbesserer

Die Weltverbesserer

Wenn für Dich die Welt, in der Du lebst,
schon so ist, wie Du sie erstrebst,
dann brauchst Du hier nicht weiter lesen,
denn mein Eindruck ist gewesen,
dass grad im Chaos sie versinkt,
warum die Zeilen sinnvoll sind.

Nicht ich allein hab diese Sicht,
viele gibt's, die sagen's nicht,
manche wollten brennend gern
verbessern diesen halben Stern,
und wieder and're wollen denken,
die Welt nur mit Gewalt zu lenken.

Konkret trifft meist die Tat den Kern,
die Guten denken oft zu fern.
Es gilt zu brücken jede Lücke,
auch schon zum Nachbarn um die Ecke.
So sind die Besten stets die Stillen,
die handeln um des ander'n Willen.

Raimundo Germandi, 13.6.2013

Vielleicht ist dir auch schon aufgefallen, dass seit geraumer Zeit unsere Sprache bewusst (?!) von finsteren Kräften dazu missbraucht wird, eigentlich Gutes in dem Sinne zu diskreditieren, indem gute Taten bzw. gute Menschen oftmals veralbert werden oder, falls das beim breiten Publikum noch nicht fruchtet, nicht selten in übelster Art und Weise diskreditiert werden.

Ein ebenso offensichtliches, wie oftmals gern bemühtes Beispiel für eine böswillige Verdrehung unserer Sprache, ist beispielsweise in der Begrifflichkeit des „Gutmenschen" zu sehen.

Achte bitte einmal bewusst darauf, dass der Begriff „Gutmensch" immer wieder genau dann gewählt wird, wenn es darum geht, Menschen, die im Kern unübersehbar Gutes und Wertvolles für unsere Gesellschaft leisten wollen, als „geistig minderbemittelt" zu verunglimpfen, da diese sich bewusst einem längst in weiten Teilen ebenso hirnlosen wie destruktiven Mainstream zu widersetzen versuchen.

Wie kann es sein, dass ein im Kern so offensichtlich positiver Begriff wie „Gutmensch" so oft eher mutwillig mit etwas assoziiert werden soll, was eher in Richtung „vermeintliche Weltfremdheit, vermeintliche Naivität, bewusst praktizierte Empathie für Mitmenschen usw." geht, so dass hier ein Eindruck erzeugt werden soll, dass es sich bei sog. „Gutmenschen" um eben solche handeln könnte, die für diese zunehmend menschenunfreundliche Welt womöglich nicht „hart genug sein könnten...?!"

Bitte lass' nicht zu, dass durch eine zunehmend bewusst praktizierte Verdrehung unserer Sprache im Grunde genommen gute Begriffe mutwillig und perfide dahingehend uminterpretiert werden, dass der jeweilige Wesenskern in einer Art und Weise verfälscht wird, so dass beim Gebrauch solcher Begriffe geradezu zwangsläufig auch das Denken und Handeln vieler Menschen – vor allem derer, die nicht zu kritischer Reflexion neigen - in einer bedenklichen, oftmals üblen Art und Weise verbogen wird.
Bedenke: Es gibt unzählige Beispiele dafür, dass es zumeist nicht die lauten,

egozentrischen, machtbesessenen und narzisstischen Menschen sind, die diese in weiten Teilen so kranke Welt auf einen besseren Kurs führen werden, sondern vielmehr diejenigen, die nicht selten im Stillen wirken.

Menschen, die ohne falschen Stolz für andere Menschen viele hilfreiche Dienste leisten – oftmals bewusst unbezahlt – leisten für eine Gesellschaft sehr viel mehr als solche Leute, die sich für „ach so tolle Wohltaten" z. B. auch im Rahmen der jährlich stattfindenden sog. Wohltätigkeitsgalas hofieren lassen.

Missfällt dir auch, dass es Menschen gibt, die aus der Not anderer Menschen auf eine abstoßende und billige Art „Kapital zu schlagen versuchen", indem sie sich beispielsweise auf den jährlich im Fernsehen zu sehenden „Wohltätigkeitsveranstaltungen" dafür feiern lassen, dass sie in ihrer „ach so großen Güte" Geldbeträge spenden, die – setzt man sie in eine ehrliche Relation zu den existierenden Vermögen – geradezu lächerlich sind?

Sehr viel wertvoller und ehrlicher ist es, wenn Menschen „im Stillen" wirken. Entscheidend ist nicht, dass sich eine verschwindet geringe Minderheit im Scheinwerferlicht vermeintlicher Wohltätigkeits-veranstaltungen sonnt, sondern dass die Wurzeln des Übels klar benannt und konsequent beseitigt werden. Viele, der auf solchen Glanzveranstaltungen auftretenden Leute, sollten sich vielmehr bewusst machen, dass gerade sie es oftmals sind, die durch ihren Lebensstil maßgeblich dazu beitragen, dass es Veranstaltungen dieser Art überhaupt geben muss.

Ein vergleichsweise finanziell armer Mensch, der von seinem knapp bemessenen Hab und Gut armen Menschen unserer Gesellschaft ohne Aufsehen zu erregen einen Euro zusteckt, leistet erheblich wertvollere Dienste, als die meisten der Leute, die dekadent und fettgefressen medienwirksam Beträge zur Schau stellen, deren zentrales Ziel oftmals nur eine Befriedigung des eigenen Egos darstellt.

Die Gier

Sie bleibt innen hohl,
will zunehmend mehr,
wie Zugzwang im Vakuum
saugt sie Dich leer.

Sie würgt in den Rachen,
soviel sie nur kann,
wie ein hungriger Drachen
schlingend hält sie in Bann.

Die Gier bewirkt Übel,
welche Böses erzeugen,
ist oft das Motiv,
deren Halter sich beugen.

Die Leere entsteht
durch frühes Fehlen.
Drum sollte man Kinder
nie um Beachtung bestehlen.

Solange die Seelen noch Kinder sind,
sind sie für solche Erleuchtungen blind.

Raimundo Germandi, 22.7.2013

Zunehmende Maßlosigkeit und nicht selten bewusst geschürte Gier gehören zweifelsohne zu den höchst destruktiven Kräften unserer Lebenswirklichkeit.

Missfällt es dir auch, in einer Welt zu leben, die primär und entscheidend oftmals nur nach dem Motto lebt: Immer mehr, immer höher, immer schneller, immer weiter, immer billiger?

Eine Gesellschaft, deren zentrales Leitmotiv die Gier nach immer mehr ist, zerstört perspektivisch nicht nur die eigenen Lebensgrundlagen, sondern entscheidend sich selbst.

Sowohl hinsichtlich materieller Dinge, wie vor allem auch für menschliche Aspekte sollte sich dein Denken und Handeln danach ausrichten, wertzuschätzen, welch reiche Gabe dir das Leben schon bis heute geschenkt hat.

Sei achtsam, und bedenke, dass es keineswegs selbstverständlich ist, in einem Teil dieser Welt leben zu dürfen, in dem es dir – trotz vieler objektiv schlechter Aspekte – alles in allem außergewöhnlich gut geht. Damit ist nicht gemeint, dass du nun Tag für Tag gebückt durch die Welt gehen sollst, und dich deines Reichtums schämen sollst, wohl aber, dass du deutlich bewusster und achtsamer mit so vielen Dingen deines Lebens umgehen solltest, die – auch du – vermutlich bisher für selbstverständlich gehalten hast?!

Insbesondere für Menschen, die in dein Leben getreten sind, die dich auf unterschiedlichen Ebenen konstruktiv dabei unterstützen, dein in dir angelegtes Potenzial zur Blüte zu bringen, solltest du sehr dankbar sein. Wie wertvoll der eine oder andere Mensch für dich tatsächlich ist, wirst du hoffentlich nicht erst dann merken, wenn er – aus welchen Gründen auch immer – urplötzlich verschwunden sein wird.

Im Fall materieller Aspekte wird es oftmals so sein, dass du

Verlorengegangenes ggf. ersetzen kannst. Bei Menschen hingegen ist das grundsätzlich ausgeschlossen.

Vermutlich ist auch dir der folgende Werbespruch noch bestens bekannt, der da lautet: *„Geiz ist geil"*.

Dieser ursprünglich von einer großen Unterhaltungselektronikmarktkette benutzte Slogan, *„Geiz ist geil"*, zeigt in einer ebenso plakativen wie verhängnisvollen Form, wie außergewöhnlich ignorant und kurzsichtig viele Leute offenbar schon geworden sind.

Zunächst einmal ist der Wunsch, günstig einkaufen zu können, sicher verständlich und auch berechtigt. So weit so gut.

In diesem Slogan, *„Geiz ist geil"*, schimmert jedoch eine grundsätzliche Lebenseinstellung durch, die sich inzwischen wie ein unheilvolles Geschwür durch unterschiedlichste Lebensbereiche zieht. Es wird suggeriert, dass jeder Mensch alles und jedes praktisch immer sofort zu Preisen erwerben könnte, die häufig in einer Größenordnung angesiedelt sind, die sich nur noch durch einen ruinösen Wettbewerb erzielen lassen.

Jeder Mensch, der auch nur ansatzweise hinsichtlich vieler Produktionsprozesse, Marketingstrategien sowie Lohngestaltungen „im Bilde" ist, wird schnell feststellen, dass diese Strategie einer *„Geiz ist geil"*-Mentalität auf Kosten einer wachsenden Zahl Menschen genutzt wird, die zunehmend nur noch von Dumpinglöhnen leben müssen. Alles wird dieser kranken und ignoranten Werbestrategie untergeordnet, so dass immer mehr Menschen „auf der Strecke bleiben".

Eine solche nicht zuletzt auch medial stark propagierte Lebenseinstellung ist überaus kurzsichtig, da sie entscheidende Grundlagen völlig ausblendet. Warum „funktioniert" diese Masche des *„Geiz ist geil"* offenbar so gut? Nun, entscheidend dürfte wohl sein, dass es gegenwärtig viel zu viele Leute gibt, die in einer ignoranten und letztlich auch dümmlichen Art und Weise nicht zur Kenntnis nehmen, dass eine solche Strategie des *„Geiz ist geil"* perspektivisch dazu führen wird, dass mehr und mehr Menschen zu Hungerlöhnen arbeiten, da nur auf diese Art und Weise sichergestellt werden kann, Preise anzubieten, die vielfach weit von dem entfernt sind, was man als „ehrliche und faire Preise" bezeichnen müsste. Das, was im Zusammenhang mit dieser *„Geiz ist Geil"*-Mentalität praktiziert wird, ist nichts anderes als plumper und perspektivisch irrwitziger Raubtierkapitalismus.

Ein weiteres Beispiel einer höchst verantwortungslosen *„Geiz ist Geil"*-Mentalität findet sich bei den vielfach angebotenen Angeboten für Flugreisen.

Verantwortungslos und ignorant sind solche Angebote aus mehreren Gründen.

Zunächst einmal sollte jedem auch nur halbwegs gebildeten Menschen leicht einsichtig sein, dass es z. B. objektiv unmöglich sein müsste, z. B. eine Flugreise von Berlin nach Madrid für einen Spottpreis von vielleicht 19 € anzubieten. Jeder, der auch nur ansatzweise nachrechnet, müsste sofort merken, dass ein solcher Preis von z. B. 19 € nicht einmal ansatzweise die tatsächlich anfallenden Kosten abdeckt; geschweige denn Gewinne für den jeweiligen Anbieter erzeugen kann. Die tatsächlichen Kosten für das Flugbenzin, die Wartung der Flugzeuge, die Bezahlung der Piloten und der Stewardessen, die Flughafengebühren u. e. m. übersteigen die den Kunden angebotenen Preise um ein Vielfaches. Somit müsste sich die naheliegende Frage aufdrängen, wie es wohl sein kann, dass viele Fluggesellschaften derart unsinnige Angebote unterbreiten können?

Die Antwort auf diese Frage fällt nicht schwer, und führt uns zu einem zweiten, gewichtigen Grund, warum Kunden solche verantwortungslosen Angebote grundsätzlich ablehnen sollten. Ein zunehmend ruinöser Verdrängungswettbewerb, bei dem potenzielle Mitkonkurrenten mit nicht selten brutalsten Mitteln an den Rand des Ruins – und darüber hinaus –

getrieben werden, ist ursächlich verantwortlich dafür, dass es Fluggesellschaften gibt, die ihren Kunden solche Phantasiepreise anbieten, die sehr weit von den tatsächlich entstehenden Kosten entfernt sind. Von daher können solche Angebote nur als höchst unmoralisch bezeichnet werden, da sie perspektivisch dazu führen, dass mehr und mehr Anbieter in den Ruin getrieben werden.

Ein weiteres, sehr wichtiges Argument gegen solche verantwortungslosen Phantasiepreise ist nicht zuletzt auch darin zu sehen, dass ein somit künstlich gepuschter Flugverkehr unsere ohnehin schon stark belastete Umwelt noch weiter schädigt. Spätestens an dieser Stelle sollte klar sein, dass diese „*Geiz ist Geil*"-Mentalität perspektivisch der sichere K.O. für uns alle sein wird. Die Atmosphäre unserer Erde interessiert sich mit Sicherheit nicht dafür, ob einige Raubtierkapitalisten nur um des eigenen Profits wegen systematisch entscheidende Lebensgrundlagen mutwillig zerstören. Von daher wäre es im Interesse des Ganzen unabdingbar, dass sehr viel mehr Menschen diesen letztlich verhängnisvollen Zusammenhang zwischen einer „*Geiz ist geil*"-Mentalität und den daraus resultierenden, dramatischen Konsequenzen erkennen.

Mit Blick auf die nicht mehr zu leugnenden Folgen rücksichtslosen Handels, die zunehmend auf einer „*Geiz ist geil*"-Mentalität fußen, wird es allerhöchste Zeit diese letztlich für alle Menschen verhängnisvollen Zusammenhänge seitens „entscheidender" Stelle zu regulieren. Es ist offensichtlich, dass der Markt dies nicht zu leisten vermag, da – bedauerlicherweise – ein erschreckend großer Teil der Menschen extrem kurzsichtig, ignorant und verantwortungslos handelt. Von daher sollte die Politik daran erinnert werden, eigenen Versprechungen (Schaden vom Volk abzuwenden) auch faktisch nachzukommen. Die auch hier geschilderten Zusammenhänge sind hinlänglich bekannt; einzig der Wille zur konkreten Beseitigung verantwortungsloser Handlungsweisen fehlt erkennbar.

Ein immer wieder zu beobachtendes, feiges Zurückweichen vor rücksichtslosen, verantwortungslosen Anbietern und Lobbyisten, kann allenfalls kurzfristig dafür sorgen, dass solche bedenklichen Angebote platziert werden können; perspektivisch wird sich zwangsläufig zeigen, wie kurzfristig diese „*Geiz ist geil*"-Mentalität gewesen ist, da sie – oftmals sogar wider besseren Wissens – entscheidende Aspekte verantwortlichen, wirtschaftlichen Handels ignoriert.

Auf den Punkt gebracht: Diese „*Geiz ist geil*"-Mentalität ist demnach keineswegs im Interesse der Menschen, sondern allenfalls dazu geeignet, wenigen Anbietern die „Taschen noch voller zu machen". In der Konsequenz führt sie zu immer weiteren Zersetzungsprozessen in weiten Teilen unserer Gesellschaft, da die vielfach angebotenen Phantasiepreise zunehmend auf Kosten von Menschen möglich geworden sind, die mit Hungerlöhnen abgespeist werden. Das muss ein Ende haben.

Bedenke: Weniger ist oftmals mehr.

Ein zunehmend ungezügelter Konsum hält Menschen (bewusst?!) auch davon ab, sich mit ihrem wahren Selbst zu befassen.

Ja, selbstverständlich kannst auch du ein Leben führen, das primär nur auf Konsum und oberflächlichen Spaß ausgerichtet sein wird.

Doch – möchtest Du das wirklich?

Meinst du nicht auch, dass es für die Entwicklung deiner Persönlichkeit erheblich wichtiger sein wird, wahrhaft Wichtiges und Entscheidendes entdecken zu wollen, anstatt einem überflüssigen und zudem destruktiven Konsumwahn anheim zu fallen?!

Gier – im Großen wie im Kleinen – bewirkte vor allem perspektivisch noch niemals etwas Gutes. Weder für dich, als einzelnen Menschen, noch für eine Gesellschaft als Ganzes.

Kapitel 44. Die böse Prise Gut

Die böse Prise Gut

Wird bemerkt ein Hauch vom Guten,
so neigt man Gutes zu vermuten.

Manchmal merkt nur wacher Blick
das böse Spiel in gutem Stück.

Gut und Böse oft vermischt,
so dass es dann bei jedem zischt.

Raimundo Germandi, 4.8.2013

So traurig es auch sein mag, so sehr gibt es leider immer wieder Beispiele dafür, dass vordergründig als gut Erscheinendes bei genauerem Hinsehen alles andere als gut und ehrenwert ist.

Getreu einem klugen Liedtext des wunderbaren Liedermachers, Reinhard Mey, gemäß dem „die falschen Ehrlichen die wahrlich Gefährlichen sind", gibt es leider vermutlich auch in deinem Lebensumfeld Menschen, die vorgeben Gutes zu tun, obwohl deren Motivation mitunter wenig ehrenwert, zuweilen sogar kriminell sein könnte.

Sieh' dich bitte achtsam in deinem Lebensumfeld um, und du wirst sicher Beispiele dafür finden, dass zuweilen nicht überall dort, wo „gut draufsteht" auch Gutes drin sein wird.

Solange Gutes auf der Grundlage einer guten und ehrenwerten Motivation gründet, ist dagegen nichts einzuwänden. Sobald sich jedoch herausstellt, dass einem nur vermeintlich Guten eine unehrenhafte und auf Lügen basierende Motivation zugrunde liegt, wird es bedenklich.

Die psychologische Forschung hat einerseits bewiesen, dass grundsätzlich beide Parteien, HelferIn und HilfsempfängerIn davon profitieren, wenn bewusst Gutes am Mitmenschen geleistet wird. Insofern bedeutet ein aktives und ehrliches Helfen, dass eine Win-Win-Situation entsteht. Nicht nur der Mensch, dem geholfen wird bzw. dem Gutes angetan wird, wird einen Vorteil für sich verspüren, sondern auch die jeweiligen HelferInnen, die bewusst Gutes tun.

Daran ist nichts falsch. Im Gegenteil: Warum sollten Menschen sich nicht immer wieder bewusst Gutes antun wollen, wenn dabei jeweils alle Beteiligten in der einen oder anderen Art und Weise profitieren könnten?

Vielleicht hast du es selbst auch schon erlebt, wie gut es sich anfühlt, beispielsweise einem armen Zeitungsverkäufer den einen oder anderen Euro zugesteckt zu haben, so dass dieser sein wirtschaftlich hartes Leben ein wenig aufhellen kann?

So lobenswert solche Aktionen auch sein mögen, so immens wichtig ist es jedoch, kritisch zu hinterfragen, wie es denn überhaupt sein kann, dass auch in unserem Land, einem der wirtschaftlich reichsten Länder dieser Erde, Menschen auf der Straße stehen müssen, um dort unter nicht selten höchst mühseligen Bedingungen ein paar Euros zum Lebensunterhalt als Almosen empfangen zu müssen...?!

Beispiele für „falsche Ehrlichkeit" gibt es zuhauf. So gibt es beispielsweise im Umfeld sog. „Sozialer Medien" Anbieter, die ihren Nutzern allen Ernstes sinngemäß folgendes Märchen aufzutischen versuchen, das da lautet:

„X ist und bleibt kostenlos...".

Da muss man schon sehr naiv sein, solch einen offenkundigen Unsinn zu glauben. Warum? Es ist offensichtlich, dass der Anbieter X sein Geld mit einem der wichtigsten Bausteine unserer Zeit verdient: unseren Daten.

Es wird allerhöchste Zeit, dass deutlich mehr Menschen begreifen, dass das „Gold unserer Zeit" schon längst nicht mehr durch konventionelle Rohstoffe, wie beispielsweise Öl oder Kohle abgebildet wird, sondern vielmehr durch unsere höchst persönlichen Daten.

Bedenklicherweise geben sehr viele Leute völlig naiv und gedankenlos schon in gewöhnlichen Alltagssituationen nicht selten wichtige und intimste Daten an Dritte weiter, deren Seriosität oftmals sehr ernsthaft angezweifelt werden müsste.

Wie unüberlegt und geradezu sträflich naiv viele Menschen in einer vor allem für uns alle perspektivisch so immens wichtigen Frage agieren, kannst du nahezu täglich in unterschiedlichsten Geschäften erleben, wenn oftmals schon fast roboterhaft die Frage lautet: „Haben Sie auch eine Payback-Karte oder sammeln Sie Punkte...?!" Sobald man diese elende Datensammelei auch nur einmal vorsichtig hinterfragt, erntet man als wachsamer Zeitgenosse oftmals nur ungläubiges Staunen, so, als käme man „von einem anderen Stern".

Verglichen mit dem, was in unserer Lebenswirklichkeit in weiten Teilen schon längst zu einem wachsenden Überwachungsstaat mutiert ist, sind die Schilderungen in George Orwells berühmten „Zukunfts"-Roman „1984" eher nur noch eine harmlose Gute-Nacht-Geschichte.

Unsere Realität hat in weiten Teilen die schlimmsten Befürchtungen des Romans „1984" nicht nur eingeholt, sondern oftmals noch weit übertroffen.

Ein ebenso typisches, wie höchst bedenkliches Beispiel, dass auch in unserer Gesellschaft seit einiger Zeit intensiv zu beobachten ist, besteht darin, dass unter einem oftmals höchst fragwürdigen Deckmantel vermeintlicher „Gefahrenabwehr" mehr und mehr Freiheitsrechte von Menschen systematisch ausgehöhlt bzw. abgeschafft werden.

Leute, seid wachsam, und lasst euch nicht von Menschen für dumm verkaufen, die „unter falscher Flagge segeln", und übelste Dinge forcieren, wobei vordergründig so getan wird, als sei x, y, z nötig, um für eure „Sicherheit" sorgen zu können. Bullshit!

Bedenke stets, wem nützt eine Maßnahme x oder y wirklich? Nützt sie denen, die in ihrer zuweilen auffälligen Naivität alles und jedes kritiklos glauben, was ihnen von mitunter dubiosen und kriminellen Leuten als „elementar wichtig und notwendig" angedreht wird, oder vielmehr eben genau solchen Kräften, die bei genauerem Hinsehen alles andere als ehrenwerte Absichten verfolgen?

Schau' bitte genau hin, und bemühe dich grundsätzlich darum, erkennen zu wollen, ob „schöne Worte" tatsächlich mit „gelebten Fakten" übereinstimmen. Dann, und nur dann solltest du dem vertrauen, was als gut angepriesen wird. Ansonsten ist höchste Vorsicht angesagt!

Kapitel 45. Der Ausweg

Der Ausweg

Solange sich Menschen übereinander erheben,
wird es auch weiter Krieg und Schrecken geben.

Den Splitter sieht der Mensch immer als erstes im andern,
doch sobald die analytischen Blicke dann wandern,
und sich die kritische Sicht auf ihn selbst dann richtet,
sich eigener Selbstbetrug auffallend entblößend verdichtet.

Im Kern sind wir alle einander sehr gleich,
sind dort weder zu arm, noch sind wir mehr reich,
Sind alle mal böse, sind ebenso gut,
und zur Wahrheit fehlt uns allen der Mut.

Wir müssen erkennen, dass wir alle so sind,
als Erwachs'ne, als Greise und auch schon als Kind.
Und so ist für uns alle nur eine Rettung in Sicht,
ehrliches Zugeständnis, mehr brauchen wir nicht.

Dann zieht ganz von selbst die Arroganz sich zurück,
es folgen Tränen der Reue, Verzeihung, dann Glück.
Und wenn alle unbequemen Schritte getan,
seh'n wir uns endlich vertrauensvoll an.

Raimundo Germandi, 27.05.2014

Wir leben in einer Gesellschaft, in der bedauerlicherweise viel zu oft das Trennende betont wird.

Schon Kinder in der Grundschule werden mehr oder weniger bewusst dazu angeleitet – man sollte vielleicht besser sagen „verführt" - sich durch ein permanentes Vergleichen von Noten gegeneinander abzugrenzen.

Somit werden schon im Keim Denk- und Verhaltensweisen praktiziert, die im Kern zumeist primär auf das Trennende, weniger auf das Menschen Verbindende ausgerichtet sind.

Wohl jede Pädagogin bzw. jeder Pädagoge wird bestätigen können, welch' oftmals krampfhafte Versuche seitens mancher Eltern unternommen werden, eigene Kinder zu Leistungen anzutreiben, die alles andere als kindgerecht sind.

Längst ist offensichtlich, dass in unserem sog. „Bildungssystem" weniger das im Vordergrund steht, was die Bezeichnung „Bildung" verdient, als vielmehr ein oftmals krankmachendes Bulimielernen, bei dem der Lernstoff oftmals nur noch zum kurzzeitigen Bestehen der einen oder anderen Prüfung „ausgekotzt" wird. Echtes Lernen, bei dem es vor allem darum geht, komplexe Zusammenhänge analytisch zu durchdringen, findet oftmals gar nicht mehr statt.

Warum? Nun, achtsame BeobachterInnen bestätigen schon längst, dass unser sog. „Bildungs"-system primär nur noch darauf abzielt, willfährige Konsumsklaven zu produzieren, die zumeist kritiklos ein im Kern krankes Wirtschaftssystem noch für eine sehr überschaubare Zeit am Leben erhalten sollen, bei dem längst klar ist, dass der Weg in den Abgrund vorhersehbar vorgezeichnet ist.

Nicht zuletzt die sog. „Rechtsprechung" sorgt oftmals dafür, dass Menschen oftmals kaum mehr willens sind, alltägliche Konflikte untereinander friedlich zu lösen. Immer häufiger wird der sog. „Rechtsweg" bemüht, bei dem findige Anwälte sich oftmals eine „Goldene Nase" verdienen, indem sie Streitigkeiten bearbeiten, zu deren Klärung viele Menschen selbst nicht mehr willens sind. Irrsinn!

Wie heißt es doch gleich: *„Was siehst du den Splitter im Auge deines Nächsten, und übersiehst dabei den Balken vor deinem eigenen Kopf?"*

Menschen täten gut daran, richteten sie den Blick bewusst vielmehr auf das sie alle Einende, anstatt unnötig Kraft und Zeit darauf zu verschwenden, sich immer wieder in kräftezehrenden Auseinandersetzungen zu streiten.

Diese Welt könnte erheblich schöner und friedlicher sein, verstünden mehr Menschen, dass letztlich jeder Mensch, ja, auch du, grundsätzlich immer nur vor dem Hintergrund der eigenen Biographie wird denken und handeln können.

Kein Mensch kommt böse auf diese Welt. Vielmehr sind wir alle, ob wir das nun wahrhaben möchten oder nicht, das Produkt einer langen Kette von Ereignissen, auf die wir alle miteinander so keinen direkten Einfluss hatten.

Von daher sollten wir Menschen nicht – wie leider nur zu oft zu beobachten – voreilig für deren Denken und Handeln verurteilen, ohne zunächst einmal den jeweiligen persönlichen Hintergrund zu kennen.

Damit ist nicht gemeint, dass wir objektiv Schlechtes und Falsches gutheißen, sehr wohl aber, dass wir uns grundsätzlich darum bemühen sollten, die jeweiligen Beweggründe nachvollziehen zu wollen, um dann ggf. entsprechende Korrekturen einzuleiten.

Schon Indianer hatten dieses menschliche Grundprinzip in einem Spruch erkannt, der sinngemäß wie folgt lautet:

„Verurteile keinen anderen Menschen, bevor du nicht selbst 1000 Tage in dessen Mokassins gelaufen bist." Ein sehr guter Denkansatz!

Sofern du zu den glücklichen Menschen gehörst, denen das Schicksal offenkundig gut mitgespielt hat, indem du in einem Umfeld aufwachsen konntest, das dir vielfältigste Entwicklungsmöglichkeiten geschenkt hat, in dem du deine in die angelegten Fähigkeiten möglichst optimal hast entwickeln können, dann sei demütig und dankbar für ein solch' unverdientes Geschenk.

Nutze die dir geschenkten Fähigkeiten nicht zuletzt auch für deine Mitmenschen, und achte sorgsam darauf, dass sich in dir kein übertriebenes Gefühl von Hochmut und Arroganz ob deiner so wunderbaren Fähigkeiten breitmachen kann.

Ja, du darfst dich ganz sicher darüber freuen, deine Kompetenzen entscheidend auch für andere Menschen einsetzen zu dürfen, Allerdings sollten deine Hilfsdienste aus einem Gefühl der Demut und Dankbarkeit heraus motiviert sein.

Achte bitte einmal sorgsam darauf, dass es nicht wenige Leute gibt, deren vermeintlich „ach so großherzige Hilfen" nicht selten eher von einem Gefühl von Arroganz begleitet werden, als von einem klar erkennbaren Willen, offenkundige Not möglichst selbstlos beseitigen zu wollen.

Eine sehr zutreffende Definition von Arroganz lautet:

„Arroganz ist die Differenz zwischen innerer Leere und äußerer Bedeutungslosigkeit."

Menschen, die aus Mitgefühl ehrlich helfen möchten, werden grundsätzlich niemals arrogant agieren, sondern sie wissen vielmehr auch um die eigenen Unzulänglichkeiten, so dass sie eher bescheiden auftreten werden.

Wenn du in dir den Wunsch verspürst, helfen zu wollen, dann mache das grundsätzlich nicht mit dem Hintergedanken, selbst daraus Vorteile ziehen zu wollen, sondern vielmehr aus einem Gefühl heraus, froh und dankbar dafür zu sein, dass du an der einen oder anderen Stelle deines Lebens deine Fähigkeiten nutzbringend auch für deine Mitmenschen einsetzen kannst.

Übe dich in Demut und Dankbarkeit. Damit erscheinst du nicht nur in der Außenwirkung sehr viel sympathischer, sondern du signalisierst durch eine solche, praktisch gelebte Haltung, dass du etwas sehr Wesentliches verstanden hast – nämlich – dass wir letztlich alle miteinander Suchende, Lernende und Hilflose sind, die hier auf diesem in weiten Teilen so kranken Planeten durch die schier unendlichen Weiten des Alls treiben.

Bedenke: Auch du kannst durch dein Denken und Handeln sehr wohl entscheidend mit dazu beitragen, dass diese Welt menschenfreundlicher wird. Insbesondere in unserer aktuellen Lebenswelt im 21. Jahrhundert wird an immer mehr Stellen des Lebens klar erkennbar, wie sprichwörtlich entmenschlicht immer weitere Teile unserer Lebenswirklichkeit schon sind, bzw. in immer rasanterem Tempo systematisch weiter entmenschlicht werden.

Möchtest du allen Ernstes einem solchen Irrsinnstreiben tatenlos zusehen?

Wichtig ist nicht, dass sich aus jeder guten Tat sogleich sichtbar etwas Positives ergibt, sondern entscheidend ist, zu begreifen, dass es überhaupt und ganz grundsätzlich wichtig ist, aktiv dazu beizutragen, dass sich unsere Lebenswirklichkeit – ja, auch deine – perspektivisch freundlicher, friedlicher und nicht zuletzt menschlicher gestalten lassen wird. Es ist möglich. Dazu musst du jedoch deine gepflegte Komfortzone auch einmal verlassen!

Jetzt!

Kapitel 46. Das absichtliche Versagen

Das absichtliche Versagen

Uns're Zeit heutzutage ist mit Technik sehr weit,
aber immer öfter zeigt sich das üble Leid,
promptes Versagen mit Ablauf der Garantie.
So etwas, das hatten wir früher - nie!
Wirtschaftlichkeit in Perfektion
gegen den zahlenden Verbraucher
getimt, welch ein Hohn!

Man sollte solche Geräte überhaupt nicht mehr kaufen,
sollen die doch in ihrer Falschheit ersaufen.

Raimundo Germandi, 15.6.2013

Vermutlich wird dir auch schon aufgefallen sein, dass die mittlere Lebensdauer heutiger technischer Geräte, wie beispielsweise Fernseher, Videorecorder, Waschmaschinen, Computer usw. im statistischen Mittel deutlich kürzer ist, als das bei sehr vielen vergleichbaren Gerätschaften zurückliegender Jahrzehnte nachweislich der Fall gewesen war...?!

Immer häufiger fällt auf, dass viele elektrische Geräte ausgerechnet kurz nach Ablauf der Garantiezeit ihren Dienst versagen. Ein Schelm, der Böses denkt...

Bei einer gar nicht mehr zu übersehenden und zu leugnenden Häufung solcher Ärgernisse, von denen immer mehr VerbraucherInnen zu berichten wissen, drängt sich die Frage auf, wo die tatsächlichen Ursachen für solche Auffälligkeiten im Kern zu suchen sein könnten?

Schon längst haben seriöse Untersuchungen das bestätigt, was bis dahin oftmals nur eine zunächst eher vage Vermutung gewesen war; nämlich, dass viele technische Geräte schon im Rahmen so mancher Produktionsprozesse bewusst mit Sollbruchstellen ausgestattet werden, die gehäuft dazu führen, dass solche Geräte oftmals schon kurz nach Ablauf der Garantiefrist nicht mehr zu gebrauchen sein werden.

Unabhängige Institute, die eine Vielzahl technischer Geräte neutral untersucht haben, bestätigen, dass in viele Gerätschaften ganz bewusst Schwachstellen eingebaut werden, die den Lebenszyklus eines technischen Gerätes signifikant verkürzen.

Dass es sich hierbei keineswegs um eine der sog. „Verschwörungstheorien" handelt, kann jeder interessierte Mensch im Internet recherchieren.

Da stellt sich die naheliegende Frage: Wie kann es sein, dass nicht wenige Hersteller technischer Geräte bewusst und mutwillig Schwachstellen verbauen, die vorhersehbar dazu führen, dass solche Geräte schon nach vergleichsweise kurzer Nutzungsdauer kaputtgehen?

Es geht hier nicht darum, Technik vorschnell und pauschal zu verurteilen. Das wäre nicht nur naiv und unnötig, sondern es verkennte schließlich, dass unzählige technische Erfindungen das Leben von Menschen auf dieser Erde in vielerlei Hinsicht erleichtern, verbessern oder gar erst ermöglicht haben.

Vielmehr geht es hier um die schon längst nicht mehr zu übersehende Tatsache, dass eine wachsende Anzahl von Menschen einen ebenso unreflektierten wie nicht selten verantwortungslosen Technikkonsum lebt, der aus vielerlei guten Gründen abzulehnen ist.

Da ist zum einen die nicht zu leugnende Tatsache, dass für so allerlei technisches Gerät, das für viele Menschen zu einer vermeintlich unverzichtbaren Selbstverständlichkeit geworden ist, gigantische Rohstoffmengen verbraucht werden, die zudem nicht selten unter menschenunwürdigen Bedingungen gefördert werden.

Zum anderen ist zu bedenken, dass unzählige technische „Spielereien", die für viele Menschen in wohlhabenderen Ländern zum Alltag gehören (z. B. Smartphones, Computer, Fernseher, Kameras usw.) einen immer größeren und zunehmend bedenklichen Müllberg erzeugen, der nicht zuletzt deshalb entsteht, weil nachweislich viele technische Geräte bewusst so produziert werden, dass sie möglichst schnell kaputtgehen, um somit in immer kürzeren Zeitabständen zu einem Neukauf zu animieren.

Einmal abgesehen davon, dass es schlichtweg kriminell ist, bewusst schon während vieler Produktionsprozesse mutwillig Fehlerquellen einzubauen, die nicht selten – welch' ein „Zufall" - kurz nach dem Ablauf einer Garantie auftreten, so fördert dieser im Kern geisteskranke Gedanke eines „ich-muss-stets-schnellstmöglich-das-neueste-Modell-haben" eine höchst bedenkliche Entwicklung, die nur noch Menschen übersehen können, die unter pathologischer Ignoranz, Dummheit und / oder Naivität leiden: die Rede ist hier von massiv wachsenden Umweltproblemen, die in immer kürzeren Zyklen zu immer dramatischeren Folgen führen.

Schon längst ist wissenschaftlich nachgewiesen, dass die natürlichen Ressourcen unserer Erde massiv überstrapaziert werden. Aktuell (Stand: 2018), bräuchten wir eigentlich schon knapp zwei Erden, um den immer unersättlicheren Hunger – man sollte wohl besser von menschlicher Gier sprechen – nach immer mehr, immer schneller usw. befriedigen zu können.

Ein wichtiger Teilaspekt, der bei einer solchen Betrachtung nicht fehlen darf, betrifft ganz grundsätzlich das Denken vieler Menschen, die offenbar in weiten Teilen gar kein Gespür mehr dafür haben, zu begreifen, dass sie sich nicht zuletzt selbst immensen psychischen Schaden zufügen.

Warum? Nun, keine noch so augenscheinlich schöne Technik wird dir letztlich das geben, wonach auch du dich – womöglich unbewusst – sehnst: Vertrauen und Liebe.

Bedenke: Es geht nicht darum, technische Entwicklungen, die sich zudem aus natürlichen Gründen im Laufe der Zeit entwickeln, pauschal abzulehnen. Nein, aber es geht sehr wohl darum, selbstkritisch zu reflektieren, um zu erkennen, dass auch du womöglich schon längst ein Konsumsklave geworden sein könntest, der vielfältigste Technik eher gedankenlos konsumiert, ohne deren Notwendigkeit bzw. ohne deren tieferen Sinn zu hinterfragen.

Insbesondere neuere Kommunikationstechniken, wie sie beispielsweise durch eine mittlerweile inflationäre Verbreitung von Smartphones zu beobachten sind, haben inzwischen das Kommunikationsverhalten vieler Menschen in einer Art und Weise verändert, die vielfach nur als bedenklich eingestuft werden muss. Dabei handelt es sich nun keineswegs um Aussagen nörgelnder Zeitgenossen, sondern entscheidend neuere Ergebnisse der Hirnforschung sowie der Lernpsychologie haben mittlerweile nachgewiesen, wie extrem schädlich sich ein vielfach völlig zügelloser Smartphone-Konsum – vor allem auf Kinder und Jugendliche – auswirkt.

Die Konsequenzen für heranreifende Gehirne sind erwiesenermaßen mitunter dramatisch, so dass wir alle miteinander – ja, auch du – uns ernsthaft fragen sollten, ob bzw. in welcher konkreten Art und Weise wir uns mehr und mehr zu willenlosen Konsumsklaven degradieren lassen, die zumeist weniger eigene Bedürfnisse, als vielmehr die Bedürfnisse derer befriedigen, die uns glauben machen wollen, dass wir jeweils die neueste, technische „Spielerei" besitzen müssten.

Bedenke: Persönliche Stärke zeigst du nicht, indem du einem oftmals hirnlosen Mainstream folgst, sondern vielmehr dadurch, indem du jeweils zunächst einmal kritisch hinterfragst, ob du dies und das tatsächlich brauchst?!

Eine vorurteilsfreie Betrachtung vorausgesetzt, wirst du in vielen Fällen zu der Erkenntnis kommen, dass du auf viele bisher für selbstverständlich gehaltene Dinge verzichten kannst, ohne dass dadurch deine Lebensqualität signifikant eingeschränkt würde.

Vielmehr wirst du die Erfahrung machen:

„Weniger ist oftmals mehr".

Das entscheidende Problem sind also weniger jeweils neu erscheinende technische Geräte, als vielmehr das Unvermögen, wachsam und kritisch zu prüfen, ob es tatsächlich sinnvoll und notwendig ist, dies und das zu kaufen.

Bedenke: Technik sollte niemals Selbstzweck, sondern vielmehr Mittel zum Zweck sein. Und genau den jeweiligen Zweck solltest du dir von keiner Technik vorschreiben lassen. Entscheide selbst!

Besonders perfide ist in diesem Zusammenhang auch, dass man den Verbraucherinnen und Verbrauchern zunehmend sog. „erweiterte Garantieverlängerungen" anzudrehen versucht, so nach dem Motto: Wenn sie eine Zusatzversicherung X für eine Summe Y abschließen, dann verlängert sich die Garantie für ein gekauftes Gerät um eine bestimmte

Zeitspanne Z. Abgesehen davon, dass der Abschluss einer solchen Zusatzversicherung allein schon aus technischen Gründen zumeist nicht sinnvoll ist (Stichwort: extrem kurze Halbwertszeit vieler technischer Geräte), ist es eine ebenso durchsichtige wie perfide Methode, potenziellen Käuferinnen und Käufern zusätzlich „Geld aus der Tasche ziehen zu wollen" für etwas, das in vorangegangenen Jahrzehnten selbstverständlich war: eine Garantie dahingehend, dass technische Geräte eben auch einen angemessen langen Lebenszyklus haben, ohne schon nach kurzer Zeit zuvor teuer gekaufte Geräte „in die Tonne werfen zu müssen".

Es gibt nicht wenige Menschen, die beispielsweise heute noch Gerätschaften aus vergangenen Jahrzehnten fehlerlos nutzen, während in der Zwischenzeit schon mehrere Neukäufe entsprechender Geräte stattgefunden haben, die jeweils schon nach relativ kurzer Zeit kaputtgegangen sind.

Mit Blick auf eine so dermaßen auffällige Häufung solcher Ärgernisse, fällt das nun wahrlich nicht mehr in die Rubrik *„zufällig Pech gehabt..."*. Nein, vielmehr steckt ein perfides System dahinter, dessen Wurzeln eines derart geisteskranken Denkens vor allem in unserem zunehmend unübersehbar destruktiven Wirtschaftssystem, einem zügellosen Kapitalismus zu suchen sind.

Wie heißt es doch gleich:

„Zu viel war nicht genug."

Eben.

Augenmerk auf "Think Tanks"

Sie wollen, dass wir denken,
sie würden uns beschenken,
mit superfreiem Tanken,
auf dass wir uns bedanken.

Mit leicht gekauften Leuten,
der Absicht uns zu häuten,
mit Zügeln der Geschirre
führ'n Begriffe in die Irre.

Wir werden sie enttarnen,
wenn wir einander warnen.
Die Tanks wohl eher stinken,
zumüllen und sehr hinken.

So sollten wir beäugeln,
dass sie uns nicht beträufeln.
Die wirr benannten "Think Tanks",
sind doch wohl eher "Stink Kranks".

Sie kommen aus dem Westen,
doch nicht zu unser'm Besten!

Raimundo Germandi, 18.03.2016

Schon seit geraumer Zeit ist zu beobachten, dass sog. „Think Tanks" (Denkfabriken) das Denken und Handeln vieler Menschen in einer nicht selten höchst bedenklichen, zuweilen sogar kriminellen Art und Weise zu manipulieren versuchen.

Eine vergleichsweise kleine Minderheit superreicher, nicht selten korrupter Leute versucht im „Nebel wohlklingender Worte" dafür zu sorgen, dass viele Menschen oftmals gar kein Gespür mehr dafür entwickeln, erkennen zu können, dass sie in übelster Art und Weise für nicht selten finstere Zwecke missbraucht werden.

Besonders perfide an einer solchen Vorgehensweise ist, dass im Grunde genommen Schändliches und Übles in wohlklingende Worthülsen verpackt wird, in der – leider oftmals erfolgreichen – Hoffnung, dass viele Menschen naiv und unreflektiert gar nicht merken, für schändliche Zwecke missbraucht zu werden.

Längst ist hier ein höchst bedenklicher Prozess im Gange, der einerseits schleichend, andererseits jedoch geradezu teuflisch zielgerichtet betrieben wird.

Spontan drängt sich die „Geschichte vom Frosch im Glas" auf:

Ein Frosch wird in ein Glas mit kaltem Wasser gesetzt, Langsam, aber stetig wird die Temperatur erhöht, so dass das Wasser immer heißer wird. Da dieser Prozess jedoch sehr langsam vonstatten geht, spürt der Frosch das zunächst nicht, und ahnt nicht, in welcher Gefahr er sich befindet. Als dann das Wasser irgendwann zu kochen anfängt, ist es für den Frosch zu spät für eine Flucht, da er im siedend heißen Wasser bei lebendigem Leib verbrüht wird.

Bedenke: Achte bitte sorgsam darauf, dass nicht auch du womöglich zum „Frosch im Wasserglas" werden könntest, indem du die „Zeichen der Zeit" nicht rechtzeitig erkennst.

Auf Rezept

Ärzte ungern Zettel schreiben,
die in Apotheken bleiben,
wenn sie haben ein Budget,
sind sie d'rüber, tut es weh.

Doch entscheiden die Konzerne
mit den Pillen ihrer Sterne,
welche Krankheit Du g'rad hast,
dann verschreiben Ärzte gerne.

Raimundo Germandi, 2.9.2014

Wie leider so oft, beginnt der Betrug schon in einer (bewussten?!) Umdeutung unserer Sprache.

Das ist vor allem deshalb äußerst bedenklich, weil erwiesenermaßen die Sprache das Denken prägt – und umgekehrt.

Ein ebenso offensichtliches wie schädliches Beispiel für eine praktizierte Verzerrung unserer Sprache, findet sich im Begriff „Gesundheits"-system.

Bei genauerem Hinsehen fällt schnell auf, dass unser sog. „Gesundheits"-system vielmehr ein System darstellt, das nicht selten eher Krankheit erst entstehen lässt.

Mit „Gesundheit" haben viele schändlichen Praktiken, die nicht selten von richtungsweisenden Personen und Institutionen auf eine oftmals perfide Art und Weise gefördert werden, absolut gar nichts zu tun.

Längst ist klar, dass auch und vor allem kriminelle Machenschaften im Umfeld der Pharmaindustrie und der ihnen beistehenden Komplizen erkennbar dazu beitragen, dass auch neue Krankheiten entweder schlichtweg erfunden oder Grenzwerte medizinisch relevanter Messwerte dahingehend manipuliert werden, mit dem ebenso offensichtlichen, wie schäbigen Ziel, Verkaufszahlen eigener Medikamente künstlich zu puschen.

Sobald die Pharmaindustrie den Eindruck hat, dass beispielsweise von einem Medikament x nicht genügend große Mengen umgesetzt werden, manipuliert man nicht selten einfach die Referenzwerte genau solcher Parameter, die im Rahmen ärztlicher Laboruntersuchungen vielfach gemessen werden, um somit mehr eigentlich gesunde Menschen in das Raster vermeintlich dann kranker Menschen umsortieren zu können.

Obwohl es – noch immer – seitens bestimmter gesellschaftlicher Kräfte vehement bestritten wird, so ist dennoch unübersehbar, dass es eben sehr wohl eine Zweiklassenmedizin gibt.

Etwa zehn Prozent Privatversicherten stehen ca. 90 Prozent gesetzlich Versicherte gegenüber.

Jeder, der schon das zweifelhafte „Vergnügen" hatte – womöglich aufgrund eigener Erfahrungen – zu erleben, dass es eben sehr wohl deutliche Unterschiede in der Behandlung von privat Versicherten und gesetzlich Versicherten gibt, kann dieses ebenso unsinnige wie gebetsmühlenartig wiederholte „Märchen" nicht mehr hören, das zu suggerieren versucht, es gäbe keine Zweiklassenmedizin. Bullshit!

Eine Gesellschaft, die es mehrheitlich zulässt, dass in weiten Teilen schon längst nicht mehr die Frage nach dem medizinisch und menschlich jeweils Notwendigen, sondern vielmehr die Frage im Vordergrund der Betrachtung steht, wie sich möglichst viel Geld mit dem Leid kranker Menschen generieren lässt, hat den Boden der Menschlichkeit schon verlassen.

Wirklich überraschend ist ein solches Denken und Handeln letztlich nicht, denn es gründet sich schließlich auf ein geisteskrankes, den Keim der eigenen Zerstörung bereits in sich tragendes System, das auf den Namen „Kapitalismus" hört. Spätestens dann, wenn so geisteskrank und unmenschlich agierende Leute zu gegebener Zeit womöglich am eigenen Leib erfahren werden, was es bedeutet, primär nicht mehr als Mensch, sondern nur noch als Kostenfaktor betrachtet zu werden, den es – koste es, was es wolle – zu minimieren gilt, spätestens dann dürfte auch dem letzten Ignoranten klar werden, wie unmenschlich es über lange Zeit gewesen sein wird, nicht die aktive und ehrliche Sorge um die Gesundheit der Menschen in den Vordergrund der Betrachtung zu rücken, sondern einzig nur noch den schnöden Mammon.

Bedenke: Auch im sog. „Gesundheits"-system ist „Geld wie Dreck" vorhanden. Das entscheidende Problem ist vor allem darin zu sehen, dass gigantische Geldmengen eben erkennbar nicht zum Wohl der Menschen verwendet werden, als vielmehr dafür, die Taschen weniger, skrupelloser Leute im Umfeld des sog. „Gesundheits"-system noch weiter zu füllen.

Appell!!

Technisch in höchster Perfektion
manövrieren sich Lügen durch's Mikrofon.
Da gaukelt "Elite" die neu geordnete Welt,
und kaum jemand merkt, wie es um sie bestellt.

Sie glauben den Fernsehbildern und Zeitungen,
werden nach und nach süchtig nach groben Verleitungen.
Sie brauchen die Räder, die um sie drehen,
können kaum einen Schritt noch selbständig gehen.

Oh wie schrecklich ist es zu erleben,
wie sich friedliche Völker gegeneinander erheben.
Nur weil da von oben ein geistarmer Tyrann
zieht alle Nationen nach und nach in den Bann.

Wer noch Augen hat, der beginne endlich zu sehen,
dass wir verkauft und verraten auf den Abhang zugehen.
Wer noch Atem verspürt und Ohren soll hören:
"Wir müssen diesen Tyrannen unbedingt stören!!"

Raimundo Germandi, 27.05.2014

Nur pathologisch ignorante Menschen, die zudem sträflich naiv und unwissend durchs Leben ziehen, können noch ernsthaft übersehen, dass sich unsere Welt mit erschreckender Geschwindigkeit auf einen immer näher rückenden Abgrund zubewegt.

Fortgesetztes Leugnen und Verdrängen längst offensichtlicher Fakten haben überdeutlich dazu geführt, dass sich unsere Welt in weiten Teilen in einem höchst bedenklichen Zustand befindet.

Zunehmende soziale Spaltung, wachsende Kriminalität, grassierende Krankheiten, unmenschliches Verhalten, zerrüttete Familienverhältnisse, gestörte Partnerschaften, kollabierende Wirtschaftsräume sowie nicht zuletzt gar nicht mehr zu übersehende Konsequenzen einer höchst bedenklichen Klimaerwärmung, die mehrheitlich nur noch von Leuten penetrant geleugnet wird, die entweder sämtliche seriösen Untersuchungen zu diesem Thema entweder gar nicht kennen oder, schlimmer noch, wider besseren Wissens aus ideologischen Gründen fortgesetzt leugnen, alles das sind überdeutliche Zeichen dafür, dass sich unsere Welt in einem besorgniserregenden Zustand befindet.

Und dann maßt sich eine selbsternannte, vermeintliche „Elite" an, der gesamten Welt vorschreiben zu wollen, wie eine neue Weltordnung auszusehen habe, die jedoch keineswegs das Wohl der gesamten Weltbevölkerung im Fokus der Bemühungen hat, sondern vielmehr eine ebenso geisteskranke wie perfide Idee, diese Welt nur noch für maximal 500 Millionen zu einem lebenswerten Ort werden zu lassen, bei dem nahezu der gesamte „Rest" in den Planungen erst gar keine Rolle mehr spielt.

Sobald du zum Thema „Bewusste Reduzierung der Weltbevölkerung" recherchierst, wirst du schnell aussagekräftige Quellen entdecken, die erst gar kein Geheimnis mehr daraus machen, die „wahren Ziele" unverblümt zu kommunizieren. Das erklärte Ziel: Reduzierung der Weltbevölkerung auf maximal 500 Millionen Menschen, die dann einen vor allem weiter dekadenten Lebensstil praktizieren könnten.

Wer noch nicht gänzlich von einem oftmals säuselnden Geschwätz der Vertreter einer Neuen Weltordnung verblendet ist, möge bitte endlich aufwachen, um zu begreifen, dass auf unserer so schönen Welt finstere Kräfte am Werk sind, die offenkundigen Irrsinn als etwas Heilbringendes anzupreisen versuchen.

Lass' dich bitte nicht blenden von vordergründig wohlklingenden Worten, die vor allem von rhetorisch geschulten Leuten unters Volk gebracht werden, mit dem klaren Ziel, Sinn und Verstand systematisch zu vernebeln.

Allem voran lässt sich im Umfeld der Weltwirtschaft konstatieren, dass immer intensivere und immer schneller wirkenden Konzentrationsprozesse bewusst gefördert werden.

Symptomatisch in diesem Zusammenhang sind nicht zuletzt solche Konstruktionen wie beispielsweise das sog. „Freihandels"-abkommen TTIP.

Vordergründig wird suggeriert, es handle sich dabei um etwas Gutes und Sinnvolles sowie vor allem um etwas geradezu zwangsläufig Notwendiges in unserer zunehmend vernetzten Welt.

Tatsächlich wird aber bei genauerem Hinsehen schnell deutlich, dass eine solche Konstruktion alles andere als gut und hilfreich ist. Vielmehr zeigt ein Blick in wesentliche Passagen des dortigen Vertragswerks, dass somit einigen wenigen Globalplayern Tür und Tor geöffnet werden, um schlussendlich der ganzen Welt ihren eigenen Stempel aufdrücken zu können.

Geradezu absurd ist es, wenn im Rahmen von TTIP dann firmeneigene Gerichtsbarkeiten darüber befinden dürfen, was rechtens ist oder eben nicht?! Ganz bewusst entziehen sich übermächtige Weltkonzerne den nationalen Gerichtsbarkeiten, mit der ebenso offensichtlichen wie höchst bedenklichen Konsequenz, dass sie letztlich „alle Fäden in der eigenen Hand halten", und somit Monopoly mit der gesamten Welt spielen.

Kapitel 50. Angst um Dich

Angst um Dich

Sonderbar wirkt Dein Verhalten,
sag mal, bist Du am erkalten?
Schon seit Tagen sprichst Du nicht,
langsam sorg ich mich um Dich!

Gibt es einen ernsten Grund?
Sag es mir mit Deinem Mund!
Gibt's da was, das ich nicht weiß?
Oder ist es Dir zu heiß?

Nutz die Worte und die Kehle,
sprich Dein Herz doch von der Seele!

Raimundo Germandi, 30.6.2014

Das Wichtigste gleich vorweg:

Angst ist – von wenigen Ausnahmen abgesehen – zumeist ein schlechter Ratgeber.

Warum?

Nun, die psychologische Forschung hat klar gezeigt, dass Angst vor allem das Denken, und somit in der Konsequenz oftmals auch das Handeln lähmt.

Grundsätzlich zu unterscheiden sind Situationen, bei denen dich eine aufkommende Angst vor objektiv konkreten oder potenziellen Gefahren warnt, einerseits, sowie pathologischer Angst andererseits, die keine objektive Grundlage in der Realität hat.

Erstere Form ist evolutionsbiologisch sehr sinnvoll, da sie dich vor tatsächlichen Gefahren warnt, die auch dir in deinem Leben in der einen oder anderen Situation begegnen werden.

Letztere Form ist krankhaft, da sie dich in deinen Entwicklungsmöglichkeiten grundlos hemmt. Zudem wird eine Angstspirale in Gang gesetzt, die erwiesenermaßen geradezu zwangsläufig schnell eine ebenso unsinnige wie perspektivisch schädliche Eigendynamik entwickelt, aus der sich so geplagte Menschen zumeist nicht mehr ohne professionelle psychologische und / oder psychotherapeutische Hilfe befreien können.

Menschen, die unter pathologischer Angst leiden, fehlt nicht selten der Wille und die Kraft, auslösende Ursachen für das eigene Fehlverhalten erkennen zu können.

Gerade weil eine nicht sachgerecht therapierte pathologische Angst das Leben der betreffenden Menschen erkennbar und nachhaltig einschränkt, ist es wichtig, auslösende Ursachen für eine solche psychische Störung im Kern erkennen zu wollen.

Auslösende Ursachen für oftmals Generalisierte Angststörungen gibt es grundsätzlich immer.

So können beispielsweise traumatische Erlebnisse, wie ein schwerer Unfall, eine lebensbedrohliche Krankheit, Missbrauch sowie der Verlust eines geliebten Menschen, Angststörungen auslösen.

Oftmals ist es jedoch schlichtweg so, dass Menschen schon als Kinder und Jugendliche in einem angstbesetzten familiären Umfeld aufwachsen, so dass sie schon früh unsinnige und für ihr weiteres Leben schädliche Verhaltensmuster internalisieren, die durch eine Überbehütung sowie einen permanent spürbaren „Alarmzustand" ob vermeintlicher Gefahren geprägt sind.

Eltern, die ihre Kinder vor objektiv zumeist nur vermeintlichen Gefahren zu beschützen versuchen, übertragen somit eigene – oftmals irrationale – Ängste auf die eigenen Kinder, mit der ebenso bedenklichen wie grundsätzlich vermeidbaren Konsequenz, dass die Kinder dann „vorgelebte, irrationale Ängste" auch als für ihr eigenes Leben relevant betrachten.

Somit setzt sich die „Kette des Irrsinns" von Generation zu Generation immer weiter fort; es sei denn, selbstkritisch reflektierende Menschen durchbrechen einen solchen Unsinn ganz bewusst und konkret, indem sie sich ihren oftmals irrationalen Ängsten ohne falsche Scheu stellen.

Somit helfen sie nicht nur sich selbst, sondern auch den eigenen Kindern, die ansonsten mit einer schweren Hypothek in ihr eigenes Leben entlassen werden.

Je nach Schweregrad ist völlig klar, dass Menschen schwere Angststörungen zumeist nicht ohne psychologische und / oder psychotherapeutische Hilfe lösen können. Das muss auch gar nicht sein. Schließlich gibt es genügend qualifizierte Menschen (Psychologische Berater, Psychologen, Psychotherapeuten usw.), die Menschen ebenso empathisch wie fachkompetent dabei unterstützen, pathologisch bedingte Angststörungen systematisch entweder gänzlich abzubauen oder zumindest dafür sorgen, dass Generalisierte Angststörungen das weitere Leben so betroffener Menschen nicht mehr unnötig und unsinnig einschränken.

Unbehandelte Angststörungen haben – abgesehen davon, dass sie sowohl für die Betroffenen, als auch für deren soziales Umfeld (allen voran für die PartnerInnen) – die bedenkliche Nebenwirkung, dass sie sich perspektivisch irgendwann auch körperlich unangenehm bemerkbar machen.

Menschen, die fortwährend von pathologischen Ängsten gequält werden, haben nahezu immer einen deutlich erhöhten Cortisolspiegel. Dies führt dazu, dass der Körper mehr oder weniger unter Dauerstress gesetzt wird, mit dann allen hinlänglich bekannten Nebenwirkungen: erhöhtes Risiko für Herzinfarkt, erhöhtes Risiko für Schlaganfall u. v. m.

Allein schon aus diesen gar nicht mehr zu bestreitenden Gründen wäre es dringend anzuraten, Angststörungen möglichst zeitnah und zielführend konsequent therapieren zu lassen.

Insbesondere in Partnerschaften wird es – früher oder später – geradezu zwangsläufig zu empfindlichen Beziehungsproblemen kommen, wenn offensichtlich bestehende Angststörungen nicht professionell behandelt werden.

Warum?

Nun, sehr oft ist es so, dass pathologisch bedingte Angststörungen auch mit destruktiver und unkontrollierter Aggression einhergehen.

Überraschend ist das keineswegs, da die Hirnforschung gezeigt hat, wie eng die Bereiche in menschlichen Gehirnen, die für Aggression und Angst zuständig sind, miteinander verknüpft sind.

Aus der psychologisch-psychotherapeutischen Praxis weiß man, dass Eingriffe ins limbische System, das maßgeblich für die Steuerung von Emotionen und Ängsten zuständig ist, effektiv durch individuell zu verabreichende Psychopharmaka günstig beeinflusst werden können.

Damit allein ist es aber nicht getan. Vielmehr müssen begleitend dazu auch psychologisch-psychotherapeutische Interventionen vorgenommen werden, die entscheidend dazu dienen, einem unter Angststörungen leidenden Menschen zu verdeutlichen, wie die kausalen Zusammenhänge sind, die dazu führen, dass in objektiv harmlosen Situationen reflexhaft immer wieder pathologische Angstreaktionen getriggert werden, die zunächst den so psychisch gestörten Menschen, als oftmals auch das unmittelbare soziale Umfeld ebenso unsinnig wie unnötig belasten.

Von daher muss konstatiert werden, dass eine fortwährend unbehandelte Angststörung nicht nur ein Problem für den so leidenden Menschen darstellt, sondern geradezu zwangsläufig auch für einem solchen Menschen nahestehende Bezugspersonen im persönlichen Umfeld.

Somit kann nur dringend empfohlen werden, dass sich Menschen, die erkennbar unter ausgeprägten Angststörungen leiden, ihren PartnerInnen anvertrauen sollten, indem sie eigene Ängste nicht penetrant zu leugnen versuchen, sondern vielmehr offen und vertrauensvoll miteinander kommunizieren.

Bedenke: Fortgesetztes Schweigen ist schlimmer, härter und perspektivisch destruktiver als jede andere Form einer konstruktiven Kommunikation; insbesondere in engen partnerschaftlichen und / oder familiären Beziehungen.

Hab' keine Angst vor der Angst, denn genau das ist ein Teufelskreis, den du sowohl in deinem ureigensten Interesse, als auch im Interesse der dich liebenden Menschen bewusst und konsequent durchbrechen solltest. Jetzt!

Auch und besonders in partnerschaftlichen Beziehungen muss der weithin bekannte Spruch *„Reden ist Silber. Schweigen ist Gold."* differenziert betrachtet werden.

Ja, selbstverständlich gibt es Situationen, bei denen ein bewusst praktiziertes Schweigen durchaus sinnvoll bzw. womöglich sogar notwendig sein kann, um ggf. Schlimmeres zu verhindern. Völlig klar.

Hier geht es jedoch um etwas sehr viel Grundsätzlicheres.

Dieses kluge Gedicht möchte auf eine oftmals zu beobachtende Problematik aufmerksam machen, die nicht selten in partnerschaftlichen Konstellationen zu beobachten ist.

Konkret: Beziehungen, bei denen ein(e) PartnerIn sich durch fortgesetztes Schweigen konstruktiven, klärenden und somit zielführenden Gesprächen penetrant entzieht, erzeugen somit – oftmals ungewollt – ein schleichendes Gift.

Langsam aber kontinuierlich entfernen sich viele PartnerInnen voneinander, ohne zu merken, dass ein solcher Erosionsprozess entscheidend und primär darauf gründet, fortgesetzt einen konstruktiven und offenen Austausch zu verweigern.

Zumeist geschieht das zwar nicht in böser Absicht, doch werden die Konsequenzen über kurz oder lang immer deutlicher und unangenehmer zu spüren sein.

In solchen Fällen ist anzuraten, dass Paare, die solche Tendenzen in ihrer Beziehung wahrnehmen, und die es erkennbar aus eigener Kraft nicht schaffen einem solchen „Teufelskreis" zu entkommen, professionelle Hilfe in Anspruch nehmen sollten. Dies zu tun, ist definitiv kein Zeichen persönlicher Schwäche, sondern vielmehr ein klarer Hinweis darauf, erkannt zu haben, dass professionelle Hilfe sinnvoll und notwendig ist. Jetzt!

50 Kerngedanken

Nachfolgend werden 50 wichtige Kerngedanken – basierend auf den zugrundeliegenden Gedichten sowie den daraus folgenden Interpretationen – kurz und knapp zusammengefasst, so dass diese Kerngedanken ggf. separat auf einem Blatt Papier aufgeschrieben werden können, das du dir dann – wenn du magst – an einem für dich zentralen Ort in deiner Wohnung / deinem Haus aufhängen könntest, um deinen Gedankenfluss intensivieren zu können.

Kapitel	Kerngedanke
1	Bereichere dein Leben durch bewusst praktizierte, kritische Selbstreflexion.
2	Bedenke, dass auch du schneller als du denkst in die Fänge einer Gedankenpolizei kommen könntest, indem du unbequeme Wahrheiten offen ansprichst.
3	Lass' dich nicht von falschen Ehrlichen für deren finstere Zwecke einspannen.
4	Verschließe deine Augen nicht vor dem Offensichtlichen.
5	Nutze bewusst auch alternative Medien, wie z. B. YouTube, um dich abseits der Mainstreammedien zu informieren.
6	Übe dich bewusst in der Kunst aktiven und achtsamen Zuhörens.
7	Trage durch dein eigenes Handeln aktiv dazu bei, dass diese Welt besser wird.
8	Bemühe dich darum, die besondere Bedeutung des Bewusstseins verstehen zu wollen.
9	Lass' nicht zu, dass Menschen mit zweierlei Maß behandelt werden.
10	Bemühe dich darum, gute und konstruktive Gedanken in diese

	Welt zu tragen.
11	Distanziere dich bewusst von hirnlosem Geschwätz, das dir vor allem Kraft und wertvolle Lebenszeit sinnlos raubt.
12	Richte den Hauptfokus deines Denkens und Handelns auf die letztlich entscheidende Frage: Wer bin ich?
13	Handle überlegt und entschlossen.
14	Erkenne, dass die Wurzel vielen Übels auf dieser Welt in der geisteskranken Fokussierung auf Geld liegt.
15	Lass' dich nicht von vermeintlichen „Heilsbringern" für dumm verkaufen.
16	Lass' nicht zu, dass unter dem geheuchelten Deckmantel vermeintlicher Gefahrenabwehr mehr und mehr Freiheitsrechte der Menschen beschnitten werden.
17	Nicht PolitikerInnen, die zumeist wie ferngesteuerte „Marionetten" agieren, sondern vielmehr finstere Kräfte im Hintergrund sind es, die das Weltgeschehen maßgeblich bestimmen.
18	Anstatt auf womöglich hohem Niveau zu klagen, solltest du dir lieber überlegen, was du mit den dir zur Verfügung stehenden Möglichkeiten zum Wohlbefinden deiner Mitmenschen beitragen könntest.
19	Erkenne die teils perfide und zuweilen auch kriminelle Strategie seitens der Pharmaindustrie.
20	Willst du dein Leben und das Leben deiner Mitmenschen verbessern, musst du deine Komfortzone bewusst verlassen wollen.
21	Erkenne, dass Geld eine neue Form der Sklaverei ist.
22	Der Mensch denkt. Gott lenkt.
23	Hüte dich vor hohlen Phrasen. Nimm Anteil an den Sorgen und

	Nöten deiner Mitmenschen.
24	Sei wachsam, und widersetze dich schlimmen Trends schon in deren Anfängen.
25	Bedenke: Das Leben gleicht einer Achterbahn. Gute Zeiten und schlechte Zeiten wechseln sich ab.
26	Bedenke: Wenn du mit deinem Zeigefinger vorschnell auf echte oder vermeintliche Verfehlungen deiner Mitmenschen zeigst, zeigen vier Finger auf dich zurück.
27	Wer kämpft, *kann* verlieren. Wer nicht kämpft, *hat* bereits verloren.
28	Verkleistere deine wahre Motivation nicht hinter wohlklingenden, jedoch irreführenden Worten.
29	Schenke deinen Mitmenschen die für sie individuell notwendige Entwicklungszeit zur Vervollkommnung ihrer Persönlichkeiten.
30	Bedenke: Verzicht ist eine besondere Form von Luxus.
31	Erkenne die perspektivisch zerstörerische Kraft bewussten Lügens.
32	Ein Verlust bewusst gelebter Solidarität führt automatisch zur Entmenschlichung unserer Gesellschaft.
33	Die Zukunft gehört den Mutigen, nicht den Zauderern.
34	Lass' nicht zu, dass dich fortwährend selbstinduzierter Stress systematisch krank macht.
35	Wenn diejenigen, die den Krieg wollen, ihn am eigenen Leib auch zu spüren bekämen, gäbe es keinen Krieg mehr.
36	Trage aktiv mit dazu bei, dein Lebensumfeld menschlicher zu gestalten, indem du deinen Mitmenschen durch kleine Aufmerksamkeiten zeigst, wie sehr du sie schätzt.
37	Sei dankbar dafür, in einem Land leben zu dürfen, in dem es

	unzählige „Selbstverständlichkeiten" gibt, die bei genauerem Hinsehen alles andere als selbstverständlich sind.
38	Das einzig Beständige auf dieser Welt ist die Veränderung.
39	Gesundheit ist nicht alles. Doch, ohne Gesundheit ist alles nichts.
40	Beschäftige dich mit den wahrhaft wichtigen Fragen des Lebens.
41	Widersetze dich einer unheilvoll um sich greifenden Ellbogenmentalität.
42	Lass' nicht zu, dass durch eine bewusst praktizierte Sprachverzerrung die Bedeutung eigentlich guter Begrifflichkeiten ins Gegenteil verkehrt wird.
43	Auf dem Grabstein des Kapitalismus wird stehen: „Zu viel war nicht genug."
44	Die falschen Ehrlichen sind die wahrlich Gefährlichen.
45	Nicht das Trennende, sondern vielmehr das Gemeinsame, das Menschen verbindet, wird diese kranke Welt heilen können.
46	Erkenne, dass das bewusste und zudem kriminelle Verbauen vorhersehbarer Schwachstellen in technischen Geräten, eine ebenso logische, wie perspektivisch selbstzerstörende Kraft ist, mit der sich der Kapitalismus schlussendlich selbst ad absurdum führen wird.
47	Lass' dir nicht von Think Tanks vorschreiben, wie und was du denken darfst. Nutze deinen eigenen Verstand.
48	Unser derzeitiges „Gesundheits"-system macht nicht gesund, sondern zunehmend krank. Warum? Weil es im Kern selbst krank ist. Geisteskrank!
49	Heute stehen wir vor dem Abgrund. Morgen sind wir einen Schritt weiter.
50	Angst ist ein schlechter Ratgeber. Fast immer.

Notizen

Buchempfehlungen:

Denkanstöße 2017

160 Seiten

ISBN-13: 9783848215546

Verlag: Books on Demand

Denkanstöße 2018

156 Seiten

ISBN-13: 978-3746027579

Verlag: Books on Demand

Lernpsychologie kompakt

128 Seiten

ISBN-13: 9783743196117

Verlag: Books on Demand

IQ-Training 2018

72 Seiten

ISBN-13: 9783746009421

Verlag: Books on Demand

Kontakt zum Autor:

Psychologische Beratung, Aribert Böhme

Psychologischer Berater (SGD-Dipl.) & Lerncoach

DV-Kfm. & EDV-Dozent & Autor

Mitglied im Who-is-Who Deutschland & Europa

E-Mail: Psychologische_Beratung_Boehme@gmx.de

Internet: www.aribertboehme.de